DRA. CLÁUDIA BENEVIDES

Alimentação e produtividade

Como a estratégia alimentar determina a sua performance

DRA. CLÁUDIA BENEVIDES

Alimentação e produtividade

Como a estratégia alimentar determina a sua performance

INTEGRARE business

Editores
André Luiz M. Tiba e Luciana Martins Tiba

Coordenação e produção editorial
Estúdio Reis - Bureau Editorial

Copidesque
Rafaela Silva

Revisão
Pedro Japiassu Reis

Projeto gráfico e diagramação
Gerson Reis

Capa
Q-pix – Estúdio de criação – Renato Sievers

Foto da autora
Top Produções by Cinara Piccolo

Ilustrações
Cleber Augusto dos Santos

Dados Internacionais de Catalogação na Publicação (CIP)
Andreia de Almeida CRB-8/7889

Benevides, Cláudia
Alimentação e produtividade : como a estratégia alimentar determina a sua performance / Cláudia Benevides. -- São Paulo : Integrare, 2018.
232 p. : il.

ISBN: 978-85-8211-105-5

1. Hábitos alimentares - Produtividade 2. Preferências alimentares – Sucesso 3. Sucesso nos negócios 4. Hábitos alimentares – Sucesso 5. Desempenho 6. Nutrologia 7. Hábitos alimentares – Qualidade de vida I. Título

18-1203 CDD 613.2

Índices para catálogo sistemático:

1. Costumes alimentares : Produtividade : Sucesso
2. Seleção de alimentos : Sucesso nos negócios

INTEGRARE EDITORA E LIVRARIA LTDA.
Rua Tabapuã, 1123, 7º andar, conj. 71/74
CEP 04533-014 – São Paulo – SP – Brasil
Tel. (55) (11) 3562-8590
www.editoraintegrare.com.br

Agradecimentos

Pode parecer difícil de acreditar, mas essa parte foi a mais desafiadora deste livro. Devemos agradecer constantemente por todas as coisas boas que nos acontecem, e desde que saí da minha cidade, no interior do Pará, tenho encontrado pessoas maravilhosas em minha vida que sempre me motivaram a crescer e a conquistar meus objetivos. Seria impossível listar todas aqui, então, agradeço imensamente, apesar de não citar os nomes, todos aqueles que entraram na minha vida e me ajudaram a construir quem eu sou.

Agradeço, especialmente, ao que chamo de minha família de "perto", minha mãe Dyrcélia, meu marido Alex que, pacientemente, sempre foi meu primeiro leitor e meus filhos João Pedro e Lucas: esses são meu porto seguro e sem eles eu não seria nada! Obrigada pelo incentivo, apoio e principalmente compreensão em todos os momentos dessa jornada. Também preciso agradecer minha família de "longe", aqueles que moram distante, mas não deixam de me apoiar sempre. E claro, os amigos de perto e de longe, os amigos e amigas de infância, cujos laços de amizade nem o tempo e nem a distância conseguiram desfazer.

Dentre as pessoas mais que especiais que entraram e continuam na minha vida, agradeço ao Christian Barbosa, que prefaciou este livro e tem sido um amigo, mentor e grande incentivador do meu crescimento. O meu editor André Tiba foi, de fato, quem fez acontecer, transformou meu sonho de multiplicar informação em realidade com todo o processo de publicação deste livro que está hoje em suas mãos. Obrigada à Daniela do Lago, que nos apresentou.

Agradeço à equipe Intregare e toda minha equipe de marketing Ello Newcom, que todos os dias tiram as ideias do papel.

E, por último e mais importante, agradeço a Deus, que sempre esteve e continua ao meu lado e nunca me deixou desistir.

Sumário

Agradecimentos 5

Prefácio....................................9

Depoimentos 13

Introdução 19

parte I 25

Missão de reconhecimento

capítulo 1 27

Qual é o seu nível de energia atualmente?

capítulo 2 45

Meu corpo, minha máquina

capítulo 3 63

Coma melhor e domine o mundo

capítulo 4 83

Neuroplasticidade: a capacidade que o cérebro tem em se adaptar e se multiplicar

capítulo 5 101

Segredos para uma alimentação produtiva

capítulo 6 119

Mantenha seu humor equilibrado

capítulo 7 131

O segredo para prolongar a vida e preservar o cérebro

capítulo 8 141

Como as dietas populares podem influenciar na produtividade

parte II 153
Metodologia Falcão: Os 4 As para aprender a voar

capítulo 9 155
1º A: Autodiagnóstico

capítulo 10 187
2º A: Arquitetar o plano

capítulo 11 197
3º A: Alimentos superpoderosos e "criptonitas"

capítulo 12 211
4º A: Atitude em 6 passos

Referências........................... 223

Biografia........................... 229

Prefácio

Se você parar algum conhecido na rua e perguntar "como vai a vida?", a pessoa provavelmente vai responder que está correndo. Todo mundo está correndo, com pressa, sem tempo para nada e cheio de coisas para fazer. O mundo mudou nas últimas décadas, mas em que momento pedimos para alguém acelerar a vida?

E não foi o tempo que acelerou, como muitos acham. O tempo continua praticamente o mesmo de alguns séculos atrás, com pequenas variações – devido à rotação do eixo da Terra –, que não fazem muita diferença para nós. O tempo não acelerou. O que mudou foi a tecnologia, o nosso estilo de vida, a forma como interagimos com as outras pessoas. Isso sim acelerou e transformou a nossa percepção do tempo.

Eu trabalho, pesquiso, desenvolvo software, treino pessoas e dou consultoria sobre produtividade pessoal desde 2000, quando me tornei instrutor de uma empresa americana para seus cursos de "administração do tempo" no Brasil. De lá para cá, eu fiz quase tudo nessa área: vi a evolução, a queda e a ascensão da agenda e meios offline, estou vendo a inteligência artificial mudar a forma como lidamos com o tempo, vi modelos de planejamento evoluírem etc.

Foram muitas transformações, pesquisas e novidades, mas no meio de tudo isso, uma coisa mudou e com certeza ficará para sempre. Você não consegue ser produtivo se não tiver energia, disposição e saúde para fazer aquilo que foi planejado. Produtividade e energia andam juntos, e precisa ser assim.

Isso parece ser meio óbvio hoje, mas há pouco mais de uma década não era. Ninguém falava diretamente sobre isso. Quando li os primeiros estudos associando alta performance de atletas com a produtividade de executivos foi uma novidade, e fazia todo o sentido. Naquele momento eu comecei a buscar o máximo de conteúdo e pesquisas disponíveis sobre o assunto que começava a se desenvolver. Além disso, eu mesmo precisava aplicar os conceitos comigo. Apesar do bom senso, eu sou um cara de pesquisas e dados, e preciso de bons argumentos para mudar, mas eu mudei.

Eu mudei os hábitos alimentares, cortei refrigerantes, diminui o açúcar em praticamente tudo, comecei a praticar esportes com regularidade, meditar, medir diversos indicadores de saúde, suplementos etc. Parece clichê dizer isso, mas a alimentação certa fez aumentar minha performance, sem dúvida nenhuma.

Só que nessa pegada mais saudável cometemos erros e nem reparamos, afinal, achamos que por ser "comida", o bom senso prevalece, mas o acompanhamento de um médico é fundamental, e não qualquer médico, tem de ser o médico certo.

Eu tive um médico que me recomendou tomar um multivitamínico, desses que aparecem na TV e você compra em qualquer farmácia. Tomei durante muitos anos, só não sabia que era errado para o meu corpo. A formulação continha ferro e meu nível de ferritina já é altíssimo por natureza genética, então, cada vez que eu consumia o multivitamínico diariamente, eu aumentava meu risco de ter problemas no fígado, cirrose etc. Duro hein? Não adianta ir no mecânico da Toyota para resolver o problema do seu BMW: ele até sabe como funciona o carro, mas o detalhe, a configuração certa, essa vai passar despercebida, ou vai custar mais caro no final. Eu precisava de um especialista, um nutrólogo.

Eu conheci a Dra. Cláudia em um evento, curti o gosto dela por pesquisas, mente aberta para ler o que está de novo por aí e ir a fundo quando não sabe algo. Virei paciente dela, fizemos uma bateria de exames, o que me ajudou a criar alguns indicadores e mudar diversos hábitos alimentares que achava bons, mas não eram ideais para mim. Depois de um tempo, convidei-a para dar uma aula em nosso curso, falar sobre alimentação para alta performance, e os feedbacks dos alunos foram tão positivos que a parceria continua até hoje.

Eu vi o *Método Falcão* nascer, o trabalho, a pesquisa, os erros e os acertos e tenho certeza que a leitura desse livro vai proporcionar para você a mesma transformação que tive na minha saúde. É possível sair do estado de "Lesma Anestesiada", como você poderá descobrir no teste logo no primeiro capítulo do livro, e se tornar um "Falcão Peregrino", e voar na sua performance.

Quando você se sente bem-disposto, dorme de forma recuperadora e tem os nutrientes que seu corpo precisa para o dia a dia, melhora a sua produtividade diária. E fazer isso com proficiência é um atalho para chegar ao resultado. O *Método Falcão* e as quatro etapas que ele proporciona vão lhe ajudar e apoiar em todo esse processo de forma simples e prática, como deve ser.

Nada de dieta maluca, de ficar neurótico, de ter privações, mas sim, de ser saudável sem neuras, como a própria Cláudia fala. Você vai arquitetar um plano de ação para conseguir ancorar essas mudanças alimentares, vai colocar os alimentos certos na sua vida e tirar as "criptonitas" que prejudicam sua vitalidade.

Este não pode ser um livro apenas de leitura ou referência, tem de ser um livro de execução plena. Você tem de ler, anotar, colocar na sua agenda e realmente executar o que está aprendendo. Não existe milagre para ser saudável. É mudança, persistência e, quando a coisa degringolar, o importante é descobrir fatores que façam você se recompor e ver as mudanças por você mesmo.

É possível ter mais vida, mais tempo, mais saúde. É uma questão de escolhas e ser mais forte que suas melhores desculpas.

Excelente leitura.

Vamos andando, pois quem corre na vida – não no esporte – não aproveita!

Christian Barbosa
Autor de *A Tríade do Tempo*, especializado
no tema da produtividade pessoal.

www.christianbarbosa.com
www.instagram.com/christiantriad
www.facebook.com/christiantriad

Depoimentos

Dr. Claudia Benevides captures the essence of proper eating for a high energy lifestyle. Be a Peregine Falcon and enjoy a passion for life with an abundance of energy to see you through your day and more.

Marcos Rosales
Juiz oficial de MMA, atua no UFC, Califórnia, EUA

Conheci a Dra. Cláudia Benevides palestrando em um evento de produtividade que ela menciona no livro e gostei muito do que ouvi, pois todo atleta de alto rendimento tem uma alimentação balanceada e a mente tem que estar 100%. Por acaso, nos encontramos na área do café e hoje ela é minha nutróloga pessoal e compartilho do mesmo princípio: "O alimento é seu combustível, óleo lubrificante, seu corpo sua máquina". Muitos acham impossível de fazer e a Dra. Cláudia desmistifica a "dieta sem neura" com estímulos mentais que te ajudam a sair da inércia, com testes que fazem você saber quem você é e onde está.

Mario Yamasaki
Árbitro oficial de MMA. Trouxe o UFC para o Brasil,
é empresário e investidor anjo

Se você quer evoluir, em qualquer aspecto da sua vida, a alimentação é a base de tudo. E aqui a Dra. Cláudia explica, de um modo fácil, o cerne de todas as dietas, que lhe trará mais energia e entusiasmo.

Renato Gabas
CEO da Casa do Fitness

No início da minha carreira como atleta tive uma lesão que me afastou das quadras e durante minha recuperação me alimentei mal e ganhei 15 kg em 4 meses. Quando voltei aos treinos vi o quanto essa alimentação errada e o excesso de peso influenciou negativamente no meu desempenho como jogadora. Desde então passei a ter hábitos alimentares melhores e uso a boa alimentação como um dos pilares para ter mais energia para minha vida. A Dra. Cláudia Benevides está de parabéns por passar essa informação de forma simples e descomplicada, ajudando mais pessoas a entenderem a importância da alimentação para uma vida longa e produtiva.

Mari Steinbrecher
Medalhista de Ouro Olímpica da Seleção
Brasileira de Vôlei

Cláudia Benevides une dois fatores fundamentais: credibilidade e clareza. Graças às suas explicações, entendi melhor como funciona a química do meu corpo e pude adotar hábitos que aumentam meu bem-estar e me deixam mais saudável e bonita.

Andréa Ciaffone
Jornalista, ex-editora-chefe da revista Forbes Brasil,
atualmente trabalha em projetos de livros e de
produtos digitais envolvendo vídeo e internet

Equilíbrio para o sucesso. Parece simples ou até clichê, mas muitos percebem o equilíbrio pessoal, familiar e profissional apenas de forma superficial. Neste livro fica claro como precisamos equilibrar primeiro nossa alimentação, sono e humor para depois buscarmos alta performance e alcançarmos sucesso em todas as esferas.

Matheus Diogo Fagundes
Presidente 2Rios Lingerie, membro do Conselho da
ABIT (Associação Brasileira da Indústria Têxtil), sócio da
Startup Nutrieduc, mentor InovAtiva Brasil

No meu dia a dia, preciso de muita energia para dar conta dos vários papéis que exerço: mãe, esposa, mulher, dona de casa e atriz. O livro me trouxe mais qualidade de vida. Adquiri consciência alimentar e, consequentemente, consegui melhorar o meu humor e minha disposição.
Em meio à correria na qual vivemos e com tanta informação de cunho duvidoso a que temos acesso, a Dra. Cláudia Benevides nos ajuda a desmistificar a questão da alimentação, trazendo um novo olhar sobre a forma de como devemos escolher o que entra em nossa mesa, aquilo que nos move, aquilo que somos, afinal.

Camila Avancini
Jornalista e atriz, foi repórter do Programa Linha Direta da TV Globo

A maior tendência da humanidade é a longevidade e a qualidade de vida. Poucos tratam com tanta importância as questões de uma alimentação saudável que, de fato, podem contribuir com performance e inteligência. Somos aquilo que comemos!
Esse livro é uma obra prima da Dra. Cláudia Benevides, competente especialista no assunto e uma amiga querida, leitura obrigatória para os produtivos homens e mulheres de negócios!

Marcelo Ortega
Conferencista internacional, um dos top trainers em vendas do Brasil, é autor de 3 livros e atende clientes como Banco do Brasil, Carrefour, Vivo, Tim e Unimed

Melhorei muito minha performance no trabalho depois que escolhi de maneira mais estratégica e inteligente os alimentos para consumir. A Dra. Cláudia consegue transmitir esse conhecimento de forma clara e objetiva.

Daniela do Lago
Especialista em Desenvolvimento de Carreiras, colunista do UOL, professora de MBA na FGV e autora de 3 livros na área Business

Success requires intentional activity and a lot of energy! Dr. Claudia Benevides does an amazing job of revealing how important diet is for high performance and productivity. If you want more energy and a healthier life, I encourage you to explore her diet and energy principles to position yourself for 100X!

Kevin Harrington
Empreendedor serial, bilionário, o Original Shark do programa mundial Shark Tank

Sempre achei impossível construir uma educação alimentar. Mas aí eu conheci a Dra. Cláudia, que além de se tornar uma grande amiga, ensinou que basta ter um pouquinho de vontade para fazer a alimentação mudar sua qualidade de vida. Como ela fez isso? Com seu jeito simples, objetivo e alegre de informar. A alegria com que ela passa seu conhecimento é um grande diferencial e sou muito grato por tê-la conhecido e por descobrir que é possível sim comer bem sem grandes torturas.

Leandro Alvares
Jornalista esportivo, ex-editor da Revista Autoesporte, do Grupo Globo

Alimentação adequada é essencial para uma boa saúde com qualidade de vida. Seguir os ensinamentos de uma profissional competente como a Dra. Cláudia Benevides deixa mais fácil a decisão pela alimentação mais prazerosa e saudável.

Dr. Rodrigo Marques Gonçalves
Cardiologista do Instituto Dante Pazzanese, coordenador do Centro de Treinamento em Simulação Realística do Hospital Samaritano em São Paulo e Diretor da Active Treinamentos

Our food should nourish and energize us to fulfill our life's goals. Dr. Claudia shows us how and why to make this a reality. Follow her plan and change your life!

Michelle Ingels
CEO, fundadora e Diretora Médica da Perfecting Athletes

Durante as sessões de fotos com fãs, um pedido que sempre ouço é: "Issao, faz uma mágica para eu emagrecer e ter mais energia para enfrentar a vida!". Eu ficava pensando em uma resposta boa que eu poderia dar para estes fãs!
Lendo a obra que a Dra. Cláudia lançou, achei a resposta certa! Assim como num espetáculo, a mágica não acontece num estalar de dedos!
Há um estudo profundo de técnicas e muito conhecimento prático para tornar a "mágica" possível! E claro, é necessário praticar!
Este é o segredo do livro da Dra. Cláudia, que vem transformando vidas no mundo real!

Issao Imamura
Ilusionista número 1 do Brasil e um dos melhores do mundo. Bacharel em Direito pela Universidade de São Paulo, estudou na Europa, Estados Unidos e Japão a arte do Ilusionismo focado no desenvolvimento humano

Em nossa luta contra o tempo, às vezes descuidamos do essencial: alimentação adequada. De uma maneira clara e objetiva, a Dra. Cláudia traz ensinamentos e dicas valiosas para aumentar a produtividade, através da alimentação.

Andrea Almeida
Advogada e empresária do Posto Missões

Without a nutritious balanced diet there is no way I could function at 100% throughout the day. During work and competition, I use this healthy diet to fuel my fire.
Dr. Claudia is an expert in the field of nutrition and I recommend her to help you get on track to healthy living.

Josh Woods
Atleta profissional de alta performance. Atualmente, é o 2º no Ranking Australiano e 13º no Ranking Mundial de Voo Livre. Foi 3º colocado na Forbes Flatlands 2018, com mais de 1000 km e 40 horas consecutivas de voo

"Os homens perdem a saúde para juntar dinheiro, depois perdem o dinheiro para recuperar a saúde. Por pensarem ansiosamente no futuro, esquecem do presente, de modo que não vivem nem no presente e nem no futuro. Vivem como se nunca fossem morrer e morrem como se nunca tivessem vivido."

Jim Brown

Introdução

Vivemos em uma era em que muito se fala em empreendedorismo, em como estabelecer uma carreira de sucesso, em como ganhar mais dinheiro e se destacar em seus negócios. Tanto que quando se abrem as páginas da internet e redes sociais pipocam em sua tela propagandas de cursos, programas e livros com a promessa de ensinar tudo o que você precisa saber para ser uma pessoa de sucesso, as estratégias, ferramentas e os meios para vender mais, falar melhor, passar em concursos e dominar o mundo!

Mas o que pouca gente sabe, ou não se atenta, é que um dos pilares fundamentais para se conquistar tudo que se almeja é essa máquina aí que nesse exato momento está processando todas essas informações que você está lendo agora: seu cérebro! Ela comanda tudo na sua vida, desde as escolhas mais simples que lá no futuro vão fazer de você um vencedor, ou aquelas que são aparentemente irrelevantes, mas que poderão direcioná-lo para um caminho de insucessos. E essa máquina é movida por energia gerada pelo combustível que você coloca para dentro do seu corpo. Se você está colocando um combustível de qualidade, no lugar certo, nas horas adequadas e com os aditivos ideais, a sua máquina vai produzir a energia necessária para conduzir seu possante, ou seja, seu corpo, em direção aos destinos, metas e sonhos que você deseja alcançar!

Você pode estar se perguntando o que alimentação tem a ver com produtividade e como os alimentos podem ajudá-lo a ser mais produtivo. Se você realmente está pensando isso, eu digo: tem tudo a ver!

Uma alimentação equilibrada e saudável pode influenciar

positivamente na produtividade, assim como os erros alimentares comuns, às vezes praticados em nosso dia a dia sem percebermos, podem estar boicotando seriamente a nossa velocidade de pensamento, bem como a capacidade de nos sentirmos bem-dispostos.

Se você acorda de manhã sem forças e sem disposição para cumprir suas tarefas, se divertir e dar a devida atenção e cuidados para as pessoas que ama, ou até mesmo sente baixa libido para os momentos íntimos, é certo que tem alguma coisa errada acontecendo com você. O problema pode estar na maneira como você vem se alimentado: muitas vezes o excesso de determinado grupo de alimentos em uma hora errada do dia acaba por "sugar" suas energias. Assim como deficiências nutricionais também podem gerar desordens clínicas e doenças que acabam por prejudicar sua produtividade.

Nesse livro vou ensinar o método que criei e pode ser utilizado por pessoas comuns para se sentirem mais dispostas, ter mais energia, conduzir melhor seus relacionamentos, produzir mais e ter mais sucesso na vida, fazendo seu dia parecer que tem mais do que 24 horas, através de uma de alimentação de alta performance.

Vamos ser sinceros: eu sei que isso parece bom demais para ser verdade. Se eu estivesse no seu lugar, lendo o que você está lendo, eu também acharia isso. O fato é que existe muita ciência por trás de todo esse processo e você já vai entender como isso é possível.

Eu sou um pouco como você. Eu só queria desempenhar bem o meu trabalho, crescer profissionalmente e ter uma vida feliz, com disposição e energia para chegar em casa após um dia puxado e ainda dar atenção para minhas prioridades pessoais e cuidar bem do meu filho e meu marido. Porém, com o crescimento rápido na carreira, veio a responsabilidade, a carga de trabalho excessiva e o estresse. Mesmo formada em Medicina e especializada em Nutrologia, eu não cuidava da minha alimentação adequadamente e cheguei a pesar mais de 80 quilos.

E o que passou a acontecer foi diferente do meu desejo, pois sentia que vinha trabalhando feito um camelo, ficava sem energia, irritada, cheia de cansaço e com muita indisposição. Fiz tanto pela minha carreira, que naquela época ocupava o cargo mais alto na hierarquia do meu setor no hospital: eu era Diretora Clínica! Mas ainda assim sabia que não produzia tudo o que poderia, principalmente nos momentos alheios ao horário de trabalho, não tinha qualquer coragem mental para fazer atividade física, cuidar de mim e da minha família. Mesmo assim, consciente dessa rotina estafante e sem dar a adequada atenção à minha saúde, pensava que eu era feita de ferro e que jamais me aconteceria algo. Talvez por ser médica e estar cercada por estes profissionais no meu dia a dia, talvez por achar que tinha todo o conhecimento da Nutrologia na mão e que eu poderia reverter todo esse quadro de fadiga a qualquer momento que quisesse, fui empurrando essa condição até que um dia fui internada no próprio hospital que eu trabalhava e, devido ao meu corpo não estar saudável, uma cirurgia relativamente simples – de retirada de apêndice – acabou me levando para a UTI.

E descobri que minha saúde estava bem pior do que eu imaginava! Além de ficar de frente com a morte, meus próprios funcionários tiveram que me dar banho e cuidar de mim durante minha recuperação. Para mim isso foi um choque, a vergonha que senti foi sem tamanho. Foi então que caiu a ficha: não basta ter o conhecimento se você não o coloca em prática! Ação é o que gera resultado! E fui para casa determinada a mudar minha história. Ainda não sabia direito como, mas de uma coisa eu sabia: no que dependesse de mim e das minhas ações, nunca mais alguém me daria banho em um leito de hospital!

Logo após a minha cirurgia, durante o meu repouso em casa, estava assistindo um daqueles programas de mundo selvagem que listava os animais com os superpoderes mais desejados pelos homens. Foi quando conheci mais sobre o Falcão Peregrino, uma ave de rapina que tem energia para atravessar continentes e encontrar as condições mais favoráveis para sua sobrevivência. É o animal que atinge a maior velocidade do planeta e nos seus botes de caçada, quase sempre certeiros, chega a mais de 300 km/h.

E para suportar o estresse da velocidade intensa sem despedaçar seu corpo aparentemente frágil, ele desenvolveu habilidades de adaptação, como: um fluxo de ar diferenciado que passa pelos pulmões sem estourá-los, camadas extras nas pálpebras para lubrificar os olhos e proteger sua visão, ajustes finos nas penas durante o voos rasantes para uma aerodinâmica melhor e mais assertiva, além de voar planando por correntes quentes de ar em menor velocidade para fazer uma melhor gestão e economia de energia entre as caçadas, deixando a concentração energética para seus ataques certeiros. E se tudo isso já não bastasse, ainda é um expert em estratégia de caçada, tomando suas decisões de velocidade, ângulo de voo e tamanho da presa a ser atacada de acordo com as condições do momento. E se algum imprevisto acontecer no caminho, reprograma a sua estratégia e rapidamente corrige seu curso, fazendo um cálculo se vale a pena gastar mais energia investindo naquela caça ou se deve guardar para a próxima investida. E imediatamente a solução para minha vida entrou na minha cabeça, passei a sonhar em ter os superpoderes do Falcão Peregrino e a pensar: eu quero ser Falcão, eu vou ser Falcão!

A partir daquele momento comecei a usar os conhecimentos que adquiri durante meus anos de especialização para focar em como ser mais saudável e mais produtiva, em como ter mais energia e disposição para viver a vida em abundância, não cheia de limitações como eu estava. E estudar cada vez mais para fazer um modelo de gestão de energia que pudesse fazer você se sentir superpoderoso através da alimentação e que fosse replicável para qualquer ser humano. Foi aí que começou a nascer a metodologia que chamo hoje de ***Método Falcão***.

Nessa jornada acabei encontrando Christian Barbosa, que já conhecia pelos livros, o maior especialista em produtividade do Brasil e um dos maiores do mundo. Assistindo a uma de suas palestras, apresentei-me como nutróloga e fiz um questionamento falando sobre os efeitos da alimentação em nossa produtividade. Ele ficou extremamente interessado no assunto. Após a palestra, trocamos contatos, viramos parceiros e desde então ministro todas as aulas relacionadas à alimentação em seus cursos e mentorias.

Após anos de pesquisa, estudos, testes e uma base estatística gigantesca, desenvolvi um caminho seguro onde posso afirmar que: existe uma forma correta de se alimentar capaz de elevar sua produtividade para o próximo nível, aumentando sua energia e foco de forma pouco vista antes.

Observando os resultados que a alimentação produtiva trouxe para mim e para meus pacientes e alunos desenvolvi um verdadeiro amor pelo tema e hoje faço disso uma das minhas missões de vida. Por esse motivo, para que mais pessoas possam ser impactadas e tenham suas vidas transformadas, resolvi compartilhar esse conhecimento através de um livro e democratizar o máximo possível o acesso às informações de qualidade sem igual, antes reservadas apenas a alguns presidentes de empresas e atletas de alta performance.

Espero que você mergulhe nessa leitura com a mesma energia que o Falcão usa para arrebatar suas presas e que transforme todo esse conhecimento em ação para que se torne um verdadeiro Falcão Peregrino!

parte I

Missão de reconhecimento

"O autoconhecimento tem um valor especial para o próprio indivíduo. Uma pessoa que se 'tornou consciente de si mesma', por meio de perguntas que lhe foram feitas, está em melhor posição de prever e controlar seu próprio comportamento."

B. F. Skinner

capítulo 1

Qual é o seu nível de energia atualmente?

Como fazer o teste

"Não podemos nos tornar aquilo que precisamos ser enquanto permanecermos o que somos."

Oprah Winfrey

Um dos pré-requisitos fundamentais para sair do lugar é o autoconhecimento. Você precisa reconhecer seus pontos fortes, seus limites, assim como seus pontos fracos. A primeira coisa que irá fazer nessa nossa jornada é descobrir o nível de energia que você está usando atualmente, para ver em qual ponto você se encontra e poder, desta forma, planejar com êxito a caminhada até o destino determinado. Para você conseguir fazer isso de modo assertivo desenvolvi um teste com cinco níveis de uso de energia, comparando-os ao mundo animal.

Para fazê-lo você deverá ser o mais sincero possível, pensando nos seus sentimentos e escolhas da sua realidade atual. Lembre-se de que é uma autoavaliação, não se importe com os outros e sim com você: coloque verdade nas respostas! Por esse motivo, não faça o teste em grupo: faça-o sozinho em um ambiente tranquilo.

Dê uma pontuação de 1 a 5 para cada afirmação, conforme a escala abaixo:

1. Nunca

2. Raramente

3. Às vezes

4. Frequentemente

5. Sempre

Tudo entendido? Então vamos começar!

Acordo de manhã mais cansado do que quando fui dormir.

( ) 1   ( ) 2   ( ) 3   ( ) 4   ( ) 5

Sinto-me muito cansado o dia todo como se minha energia estivesse se esgotado.

( ) 1   ( ) 2   ( ) 3   ( ) 4   ( ) 5

Quando chego em casa depois do trabalho (ou faculdade, ou curso) só penso em ficar na cama ou no sofá largado.

( ) 1   ( ) 2   ( ) 3   ( ) 4   ( ) 5

Estou acima do peso e sinto que isso chega a atrapalhar minha rotina no meu dia a dia.

( ) 1   ( ) 2   ( ) 3   ( ) 4   ( ) 5

Algumas horas depois de comer me dá um sono ou cansaço incontrolável.

( ) 1   ( ) 2   ( ) 3   ( ) 4   ( ) 5

Perco o foco no que estou fazendo e por vezes nem lembro onde foi que parei.

( ) 1   ( ) 2   ( ) 3   ( ) 4   ( ) 5

Não vejo a hora de chegar o fim de semana ou o meu dia de folga para poder ficar em casa e descansar.

( ) 1   ( ) 2   ( ) 3   ( ) 4   ( ) 5

Minha vontade era ficar o dia inteiro deitado no sofá ou na cama, se eu pudesse.

( ) 1   ( ) 2   ( ) 3   ( ) 4   ( ) 5

Não consigo cumprir todas as obrigações planejadas para o dia.

( ) 1 ( ) 2 ( ) 3 ( ) 4 ( ) 5

Estou com muito problema de memória, ando esquecendo das coisas com facilidade.

( ) 1 ( ) 2 ( ) 3 ( ) 4 ( ) 5

Meus amigos ou parentes falam que estou com aparência de cansado.

( ) 1 ( ) 2 ( ) 3 ( ) 4 ( ) 5

Meus hábitos alimentares mudam quando me sinto estressado ou deprimido, recorrendo a alimentos não saudáveis como por exemplo: fast food, massas, bebidas alcoólicas, frituras ou excesso de doces.

( ) 1 ( ) 2 ( ) 3 ( ) 4 ( ) 5

Sinto muitas dores no corpo e isso tira meu ânimo e me impede de desempenhar minhas funções com qualidade.

( ) 1 ( ) 2 ( ) 3 ( ) 4 ( ) 5

Não tenho ânimo nem para planejar minhas metas (objetivos, desejos, sonhos).

( ) 1 ( ) 2 ( ) 3 ( ) 4 ( ) 5

Não durmo bem e chego a despertar várias vezes durante o sono.

( ) 1 ( ) 2 ( ) 3 ( ) 4 ( ) 5

Minha alimentação é de má qualidade.

( ) 1 ( ) 2 ( ) 3 ( ) 4 ( ) 5

Sei que é necessário praticar atividade física, mas me sinto tão indisposto que não tenho vontade para praticar exercícios.

( ) 1 ( ) 2 ( ) 3 ( ) 4 ( ) 5

Recorro a estimulantes como: café, energéticos ou similares para me manter atento ao longo do dia.

( ) 1 ( ) 2 ( ) 3 ( ) 4 ( ) 5

Sinto minha libido baixa.

( ) 1 ( ) 2 ( ) 3 ( ) 4 ( ) 5

Não tenho disposição para desfrutar de momentos de lazer.

( ) 1 ( ) 2 ( ) 3 ( ) 4 ( ) 5

Agora some todas as notas para ver o **RESULTADO** e descobrir que sua disposição é a mesma de um (a):

Entre 90 e 100 pontos: **Lesma Anestesiada**

Entre 70 e 89 pontos: **Tartaruga Manca**

Entre 50 e 69 pontos: **Camelo de Ferro**

Entre 30 e 49 pontos: **Guepardo Elétrico**

Entre 20 e 29 pontos: **Falcão Peregrino**

Lesma Anestesiada

Seu nível de energia está perto do zero! Nem sei como você ainda está saindo de casa, se é que está! Você está praticamente parado vendo a vida passar. Não tem energia sequer para pensar em um projeto de vida. Você precisa identificar o que está acontecendo de errado e porque sua energia foi roubada. Será que está com algum problema de saúde? Alguma deficiência de vitamina? Depressão? Investigue! Você deve urgentemente recuperar sua energia e retomar o comando da sua história!

É muito frequente que pessoas que estejam no estágio de Lesma Anestesiada tenham algum problema de saúde associado, pois não é normal que você não tenha energia para fazer as suas atividades diárias e queira ficar o dia inteiro quieto, parado no seu canto. É fundamental você primeiro tentar identificar o problema, que pode ser de ordem emocional – como depressão ou descontentamentos no trabalho e vida pessoal –, ou um problema orgânico – como uma deficiência de vitaminas, distúrbios hormonais ou anemia.

Entre as deficiências de vitaminas mais comuns encontradas no dia a dia que estão relacionadas com produção de energia pelo corpo, estão as das Vitaminas D, C e do complexo B. Mas não saia por aí tomando polivitamínicos achando que isso é suficiente para resolver seu problema. É importante você buscar um profissional de saúde para fazer um diagnóstico assertivo e fazer a suplementação na dose adequada, se for o caso.

No entanto, introduzir alimentos ricos nessas vitaminas na sua rotina diária pode ajudar a prevenir essas deficiências:

- **Fontes de Vitamina D:** Óleo de fígado de bacalhau, salmão, ostra, arenque, ovos, fígado de galinha, gérmen de trigo, salsinha e alimentos enriquecidos com essa vitamina, como leites, por exemplo.
- **Fontes de Vitamina C:** Pimentão amarelo, morango, laranja, papaia, kiwi, goiaba vermelha, manga e brócolis.
- **Fontes de Vitamina B:** Levedo de cerveja, gérmen de trigo, amendoim, leite, ovos, fígado de boi, frango, avelã, banana, amêndoa, atum e salmão.

Outro nutriente importante para dar energia e disposição é o selênio. Níveis baixos desse mineral no organismo têm sido relacionados a humor deprimido e cansaço. Castanha-do-Brasil e atum são alimentos ricos nesse micronutriente.

Tartaruga Manca

Você até consegue fazer algumas coisas, cumpre parte das tarefas do seu dia, mas tudo em marcha lenta, com muita dificuldade para fazer tudo o que precisa, e constantemente tem deixado coisas acumuladas para os dias seguintes. Do jeito que está, você sente que o dia precisaria ter pelo menos 30 horas para dar conta de fazer tudo! Mas a verdade é que seu dia não precisa de mais horas, e sim você de melhor performance, atenção e concentração nas suas tarefas. Vários ajustes na sua rotina são necessários para que você produza mais e melhor.

Você precisa manter o foco e atenção na sua rotina diária, por vezes tem divagado e até procrastinado as suas metas do dia a dia. A dificuldade de foco pode ser por consequência de uma deficiência nutricional ou anemia carencial. Vale a pena você agendar um médico, falar sobre o seu cansaço extremo e fazer uma avaliação da sua saúde. O importante é não se automedicar nem postergar a visita a um profissional.

Anemia por carência de ferro costuma ser uma das causas de cansaço, devido à diminuição de glóbulos vermelhos, que a grosso modo são responsáveis por distribuir o sangue oxigenado no nosso organismo. Oxigênio é fundamental para a disponibilização de energia e se temos pouco transportador desse gás, consequentemente teremos pouca energia disponibilizada e a sensação de cansaço prevalece, assim como a dificuldade de concentração. Geralmente, as fontes com maior facilidade de absorção de ferro pelo organismo vêm de origem animal, como as carnes vermelhas e vísceras, mas você também pode obtê-lo através de fontes vegetais, como feijão e vegetais verde-escuros. Uma dica de ouro para melhorar a absorção de ferro pelo organismo é ingerir uma fonte de vitamina C junto com estes alimentos, como laranja (pedaços ou suco). Já para não prejudicar a absorção, evite consumir alimentos lácteos (leite, iogurtes, queijo) junto ou imediatamente antes ou após a ingestão de alimentos ricos em ferro. Porém, como aconselhei anteriormente, nada de fazer seu diagnóstico sem a ajuda de um profissional capacitado. Não é infrequente pessoas terem acúmulo de ferro no organismo e ainda assim praticarem uma alimentação rica nesse nutriente, resultando no efeito oposto!

Camelo de Ferro

Você está sobrecarregado com suas tarefas e trabalhando igual a um camelo. Dá conta de fazer a maioria das coisas, mas com muito esforço e no fim do dia está exausto! E muitas vezes não sobra disposição para se divertir, ficar com a família ou fazer alguma outra atividade que gosta. Mas continua levando essa carga dia após dia, pois pensa que é feito de ferro e pode aguentar tudo! Mas lhe digo uma coisa: se você continuar nessa pegada, um dia seu cérebro e seu corpo vão pifar! Porque, na realidade, "de ferro" você não tem nada! Não tem cuidado da saúde, da sua estrutura física e mental o suficiente para continuar carregando todo esse peso! Pare, reveja sua rotina e implemente algumas mudanças no dia a dia, isso certamente fará muita diferença no seu rendimento.

Você está sobrecarregando seu corpo e sua mente, e se continuar com essa rotina maluca e exaustiva, você vai ter um curto-circuito!

Os efeitos do estresse crônico ao organismo são devastadores! Doenças cardiovasculares como infarto do miocárdio e acidente vascular cerebral (AVC) estão entre as consequências mais graves do ritmo de vida estressante e descontrolado. Você não pode deixar que seus hormônios de estresse fiquem elevados cronicamente. Uma rotina alimentar adequada aliada ao gerenciamento de um peso corporal saudável é fundamental para obter sucesso nessa jornada. Não pular refeições ajuda a manter os níveis de cortisol equilibrados na circulação e consumir alimentos como frango, ovos, arroz integral, couve e agrião – que são ricos em um aminoácido chamado fenilalanina – ajuda a produzir dopamina no cérebro, um neurotransmissor de bem-estar e prazer.

E se você é um "viciado" em alimentos ricos em cafeína, como café, chá mate, chá verde, refrigerante e chocolate, fazendo consumo em excesso, convém diminuir a quantidade, pois essa substância é estimuladora do sistema cardiovascular, podendo causar aceleração dos batimentos cardíacos e aumento da pressão arterial, fazendo uma sobrecarga nesse sistema, que aliada ao excesso de trabalho pode causar danos diversos à sua saúde e cérebro.

Guepardo Elétrico

Parabéns! Você já está melhor do que a maioria das pessoas ao seu redor! Sua bateria está em alta voltagem, mas assim como o Guepardo, que consegue capturar suas presas com rapidez e eficiência na curta jornada, quando precisa fazer uma caçada mais longa perde sua energia, pois usou toda sua carga logo nos primeiros *sprints*. Você precisa gerenciar melhor sua energia e não gastar tudo de uma vez, pois pode ficar paralisado e se transformar de caçador à caça! Para conseguir que sua bateria sustente essa carga por muito mais tempo e mantenha os bons resultados que você já atinge hoje por um longo prazo, alguns importantes ajustes pontuais se fazem necessários.

É possível que sua energia acabe de uma hora para outra por estar usando um recurso alimentar inadequado como o consumo de carboidratos refinados, por exemplo. Muitas vezes, você sente que a energia está acabando e que precisa comer algo e acaba recorrendo a esses tipos de alimentos sem saber que, na verdade, são eles que estão roubando sua energia. Isso acontece porque carboidratos de estrutura molecular simples, como farinha branca, alguns vegetais com pouca fibra como a batata, ou doces, são rapidamente digeridos e absorvidos pela circulação sanguínea, aumentando os níveis de glicose. E em um sistema de proteção do corpo para que você não fique diabético, esse açúcar é rapidamente retirado do sangue, causando uma hipoglicemia rebote que dá a sensação de falta de energia, raciocínio lento e dificuldade de concentração.

Também fique atento se você não está se sobrecarregando com atividades físicas e esquecendo de fazer uma alimentação adequada para o seu gasto energético. Como esse pode ser um mecanismo bem complexo, saber o que comer antes e após a atividade física é fundamental. Se você não é uma pessoa treinada a fazer exercícios em jejum, jamais faça isso: seu corpo precisa, a princípio, de uma energia "fácil" para a prática adequada da atividade, então não esqueça de sempre fazer um lanchinho antes de iniciar seu esporte. Alimentos ricos em carboidratos de boa qualidade, como uma fruta, costumam ser uma boa opção para essa hora.

Falcão Peregrino

Você tem motivos de sobra para ficar orgulhoso, sabe dosar energia planando sobre as situações desgastantes do dia a dia até que seja a hora de dar o bote certeiro nos objetivos mais desafiadores. É incrível como faz parecer fácil alcançar tudo o que já conquistou e ainda aproveitar momentos de relaxamento e lazer para recarregar rapidamente as energias, de modo a ficar sempre pronto para novas e melhores caçadas. Mas não esqueça que é necessário manter seu corpo e sua mente a todo momento bem cuidados para que você continue sendo um genuíno falcão pela vida inteira.

Para não deixar a peteca cair e sempre manter esse nível excelente de energia e disposição é fundamental manter a saúde mental e física em dia, com prática regulares de atividade física e um check-up geral de saúde pelo menos de ano em ano. E para que você, que já tira o melhor do cérebro nos dias atuais, continue com sua máquina funcionando a todo vapor é importante que coloque na sua rotina alimentar diária — se ainda não o faz — o consumo de alimentos que estimulam a boa comunicação entre os neurônios. A ciência tem mostrado há anos que o consumo de alimentos ricos em ômega 3 fazem o cérebro funcionar melhor e são capazes de incrementar a capacidade de memória e aprendizado. Alimentos ricos nessa gordura de boa qualidade são: salmão selvagem, atum, sardinha, nozes, chia e linhaça.

Foi legal descobrir seu nível de energia! Agora você sabe de onde partir e até onde você deve chegar e tenho certeza que você não pode desejar ser menos do que o Falcão Peregrino. E aqui começamos sua jornada para atingir esse objetivo!

Sabe de uma coisa interessante? À medida em que fui desenvolvendo esse método e escrevendo esse livro, apliquei o teste em pessoas nos eventos e palestras que participei e através de chamadas nas minhas redes sociais. Até o momento, tivemos 1442 testes realizados, sendo que 65% dos participantes foram do sexo feminino e 35% masculino. A idade média das mulheres foi de 38 anos e a dos homens foi de 34 anos.

No gráfico abaixo podemos ver a distribuição do resultado do teste de energia:

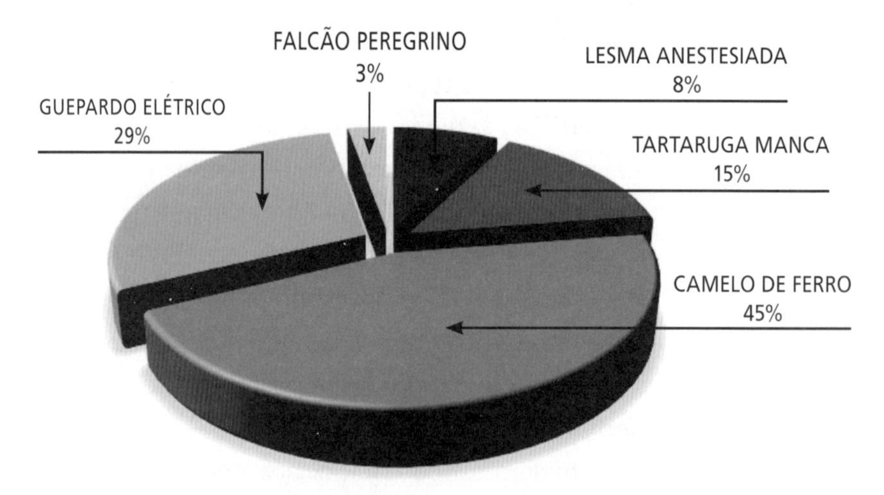

Veja só, nessa amostra de pessoas que responderam o teste, temos apenas 3% de Falcões e 68% (Lesmas, Tartarugas e Camelos) com o uso totalmente inadequado e ruim de energia. Veja o quanto temos de pessoas precisando de ajuda! Elas podem aprender a gerir melhor a energia, sentindo-se melhores e dispostas para cumprir as atividades básicas do dia a dia. E entenda que um dos pilares para ter uma vida melhor e produtiva é a alimentação correta, com escolhas, horários e quantidades certas. Mas antes de falar da alimentação propriamente dita, precisamos entender como a nossa mente influencia todo esse processo e como ela é a senhora das nossas decisões.

Então, se você está aqui lendo este livro é porque quer ser um Falcão, e o primeiro exercício que você vai fazer é dizer para você mesmo o que quer!

Diga:

EU QUERO SER FALCÃO, EU VOU SER FALCÃO!

E agora escreva, para você usar outras funções do seu cérebro e deixar essa mensagem registrada dentro de você!

O poder da mente em transformar

Um velho índio descrevia seus conflitos interiores.
"Dentro de mim existem dois lobos. O lobo do ódio e o lobo do amor. Ambos disputam o poder sobre mim."
Alguém pergunta qual lobo vence. O índio reflete e admite:
"O que eu alimento."

Provérbio

Muitas vezes usamos a palavra mente como sinônimo de cérebro e vice-versa, mas a verdade é que são duas coisas diferentes. O **cérebro** é a estrutura física, composto por várias camadas e tecidos, pesando por volta de 1,5 kg. Já a **mente** é a atividade psíquica, que envolve os pensamentos, vontades e emoções, no plano consciente e inconsciente. Ou seja, podemos dizer que a mente comanda o cérebro em diversas funções cerebrais, podendo este mandar estímulos para o corpo conforme a mente determinar. Porém, um cérebro fraco e pouco fortalecido pode impedir a mente de funcionar adequadamente.

A primeira vez que tive contato com o poder da mente em transformar e criar até coisas inimagináveis foi quando eu estava em minha segunda tentativa de passar no vestibular para Medicina e vi em uma livraria o título: *Como passar no vestibular*, do Dr. Lair Ribeiro. Tinha medo de fracassar mais uma vez e achei que esse livro me traria dicas de questões mais frequentes e como fixar melhor a matéria, essas coisas. Mas o que aconteceu foi muito maior e melhor para a minha vida, pois logo nos primeiros capítulos li a história de Charles Harris, um mendigo dos Estados Unidos que em uma tarde fria de sexta-feira procurava um lugar para se abrigar, até que encontrou um vagão de trem parado e vazio em uma estação no fim da linha ferroviária, entrou e fechou a maçaneta, que nessa hora quebrou, deixando-o preso lá dentro.

E nesse momento ele percebeu que estava dentro de um vagão frigorífico. Era sexta, quase noite, ele começou a gritar, bater na porta, mas ninguém o ouviu, todos já tinham ido para seu descanso do final de semana, então Charles começou a sentir muito frio e a imaginar como iriam encontrar o corpo dele na segunda-feira, quando retornassem ao trabalho. E com uma caneta piloto que encontrou no chão do vagão começou a escrever todas as sensações do frio na parede, foi descrevendo todos os detalhes do congelamento gradativo do seu corpo até desfalecer.

E na segunda-feira, quando os funcionários daquele trem voltaram ao trabalho e abriram o vagão encontram o corpo sem vida de Charles lá dentro e toda a descrição de sua terrível morte na parede. Mas um detalhe importantíssimo nessa história é que esse vagão estava lá parado e abandonado porque estava sendo consertado e, portando, desligado! A temperatura naquele vagão jamais chegou ao nível de causar uma morte por hipotermia! Charles conduziu sua mente com a convicção de que iria morrer, levando seu cérebro a dar os comandos para seu corpo sofrer de uma queda de temperatura que o levou a morrer congelado!

Essa história me impressionou muito e entendi perfeitamente que nós podemos usar nossa mente para comandar coisas boas e coisas ruins para o nosso corpo e nossa vida, e que meu medo de fracassar mais uma vez no vestibular não poderia ser maior do que minha vontade de ser médica. E alguns insucessos na vida podem acontecer, mas basta você ter foco e determinação que a conquista do seu sonho virá. E aí que me vem a lembrança da história de vida de Ivo Pitanguy, essa mente brilhante, que teve que fazer oito vezes o vestibular para ingressar em Medicina e se tornou um dos cirurgiões plásticos mais famosos do mundo. Ele desenvolveu 22 técnicas inovadoras replicadas por outros profissionais em diversos países. Seus fracassos iniciais não o impediram de realizar seus sonhos e ainda se tornar uma referência mundial em sua profissão.

Pensamento convicto gera ação e ação gera o resultado! E naquele mesmo ano eu passei no vestibular, na segunda tentativa.

capítulo 2

Meu corpo, minha máquina

"Hoje reconheço que meu corpo é uma máquina magnífica e me sinto privilegiado por viver dentro dele."

Louise L. Hay

Entendendo os nutrientes: carboidratos, proteínas, gorduras, vitaminas e minerais. Para que servem?

Conhecer alguns conceitos básicos é fundamental para a escolha correta de alimentos que irão lhe auxiliar a praticar bons hábitos alimentares e melhorar sua produtividade.

Alimento

É toda a substância ingerida por nós, que forneça energia e nutrientes necessários para manter nossos corpos funcionando. Todo alimento fornece energia, mas nem sempre bons nutrientes.

Os nutrientes, por sua vez, são divididos em dois diferentes grupos:

- **Macronutrientes:** carboidratos, proteínas e gorduras.
- **Micronutrientes:** vitaminas e minerais.

Eu poderia escrever várias e várias páginas sobre o que são esses nutrientes e porque cada um é importante no processo de fornecimento de energia ao corpo, mas realmente não quero tornar essa leitura chata para você, pois isso envolve muitos processos bioquímicos complexos. Porém, é necessário que você compreenda, de uma forma bem simplista e generalizada, que os macronutrientes são as matérias-primas na produção da energia e que diversos micronutrientes estão envolvidos diretamente nas reações químicas que transformam esses macronutrientes em energia, tecidos e substâncias diversas em nosso corpo. Então, a deficiência ou ingestão inadequada de alimentos que tenham nutrientes bons faz com que nosso organismo produza de forma ineficiente essa energia, impactando assim na produtividade.

Cada grupo de macronutriente "alimenta" um órgão ou função diferente no organismo. Por exemplo:

Carboidratos

Alimentam o cérebro. Parte dele utiliza somente glicose como fonte de energia para seu funcionamento. E os principais produtores desse substrato são os carboidratos. Diversos outros órgãos e sistemas do corpo preferem utilizar glicose como fonte de energia prioritária.

Os carboidratos se dividem basicamente em dois tipos:

1- **Complexos:** Têm uma estrutura química mais difícil de ser digerida pelo metabolismo, levando mais tempo para serem transformados em energia. Equilibram melhor os níveis de glicemia (açúcar no sangue). Normalmente, estes têm o que chamamos de baixo Índice Glicêmico (IG), que seria a capacidade que o alimento tem de elevar rapidamente os níveis de glicemia. Quanto mais alto for o IG, pior a qualidade do alimento para o metabolismo, e quanto mais baixo, menos turbulências ele causará no controle da glicemia.

2- **Simples:** Têm uma estrutura química mais fácil e rápida de serem metabolizados, gerando assim picos de glicemia mais intensos, com consequências danosas para corpo e mente. Estes alimentos têm maior IG.

Proteínas

Fornecem matéria-prima necessária para a manutenção e produção de massa muscular, assim como aminoácidos que são essenciais para a produção de neurotransmissores.

Gorduras

São fundamentais para promover a absorção de algumas vitaminas, fazem parte da composição de hormônios, do revestimento celular, "banham" o espaço entre os neurônios no cérebro sendo, em parte, responsável pela boa comunicação entre um neurônio e outro, o que é chamada de sinapse.

Algumas vitaminas e minerais, como as vitaminas do complexo B, ferro, iodo, cobre, zinco, magnésio e mais uma lista imensa de outros exemplos, entram em ação em diversas etapas do metabolismo, que têm como produto final a disponibilização de energia. A deficiência desses micronutrientes pode acarretar danos ao metabolismo e seu mau funcionamento. Por isso, fique sempre atento a fazer avaliações e exames regulares com um especialista no assunto, pois há deficiências nas quais a reposição desses nutrientes é necessária em forma de suplemento e medicações, além do ajuste da alimentação. O diagnóstico precoce e a prevenção de doenças relacionas ao estilo de vida são extremamente necessários se você quiser ter uma vida longa e de qualidade.

Dito tudo isso sobre alimentação, acredito que você conseguiu chegar tranquilamente à seguinte conclusão:

Alimentação adequada = boa produção e utilização de energia = aumento da produtividade.

Alimentação inadequada = baixa energia e utilização inapropriada = deficiência de produtividade.

Noções sobre o metabolismo e suas particularidades

O metabolismo é o conjunto de todas as reações químicas e físicas que transformam o nutriente em energia para ser utilizada pelo corpo. Essa energia pode ser utilizada de imediato ou estocada para as situações de privação. A quantidade de energia produzida pelo alimento após sua metabolização é medida em calorias. E cada macronutriente produz uma quantidade de calorias, sendo que um grama de carboidratos e um grama de proteínas fornecem 4 calorias cada, enquanto que a mesma quantidade de gordura disponibiliza 9 calorias! Então, adivinhe qual é o tecido preferencial do corpo para estoque de energia? Claro, é a gordura, que de uma forma mais compacta armazena muito mais calorias!

A reações metabólicas se subdividem em 2 tipos: as anabólicas e as catabólicas.

- **Reação anabólica ou anabolismo:** É quando o organismo pega o excesso de energia não utilizada e transforma em reserva. Temos três principais tipos de estoque de energia: o glicogênio, a massa de gordura e a massa muscular.

O glicogênio é a reserva energética de quebra mais rápida,

CURIOSIDADE

Os cientistas medem a quantidade de calor produzida pela metabolização dos alimentos em unidades chamadas de quilocalorias (ou kcal).
Uma kcal é a quantidade de energia que se gasta para elevar a temperatura de um quilo de água em um grau Célsius, ao nível do mar. Então, tecnicamente falando, uma caloria é na verdade 1/1000 de uma quilocaloria, mas usamos a palavra caloria com o mesmo significado de quilocaloria porque é mais curta, simples e mais fácil de lembrar!

essa é o que o corpo usa primeiro, pois prontamente se transforma em glicose, quando necessário. Esse estoque se deposita no fígado e no músculo. O glicogênio hepático é disponibilizado principalmente para o cérebro, nas situações em que a glicose diminui seus níveis no sangue (hipoglicemia) e não há consumo subsequente de alimentos, já o glicogênio muscular é prioritariamente usado pelo próprio músculo no caso de esforço físico, como na prática de exercícios. Depois de algumas horas – que variam dependendo da intensidade de gasto energético – esse estoque fica baixo e se você permanecer em jejum o corpo então começa a usar gorduras e músculo para produção de energia.

• **Reação catabólica ou catabolismo:** É quando o organismo faz as reações de quebra para a produção de energia. Podem ser direto do alimento ou dos depósitos citados no parágrafo anterior (glicogênio, músculo e gorduras). Os principais substratos usados pelo nosso corpo e sistemas como fonte de energia são a glicose e os corpos cetônicos. Os estoques de glicogênio e proteína muscular são transformados em glicose, o combustível preferencial de vários tecidos e sistemas, inclusive do cérebro. As células que são responsáveis pelo pensamento só são capazes de utilizar glicose como fonte de produção de energia e podem morrer em poucas horas se forem privadas desse substrato. Apesar de estarem muito em moda hoje em dia dietas que condenam o consumo de carboidratos, a verdade é que esse macronutriente é a fonte mais rápida para fornecimento de glicose para o organismo, mas você precisa comer os carboidratos certos, nas horas certas! Outros tecidos e algumas outras partes do cérebro podem utilizar corpos cetônicos.

Nessa explicação resumida pode parecer que essas reações acontecem uma de cada vez, mas todas podem ocorrer ao mesmo tempo e em diversos tecidos diferentes, dentro das chamadas mitocôndrias, que funcionam como mini baterias, fornecendo energia para as células, nos mantendo vivos, capazes de andar, correr, respirar, pensar e produzir!

Para que essas reações metabólicas sejam viabilizadas, transformando os alimentos ou seus depósitos no produto final (energia), diversos mediadores são necessários, como as vitaminas, minerais e enzimas, além de uma vasta gama de hormônios. Por exemplo: os hormônios produzidos pela glândula tireoide são os "senhores do metabolismo", que regulam a velocidade das reações. Quando temos dificuldades na produção desses hormônios, que chamamos de hipotireoidismo, o metabolismo fica mais lento, levando a consequências como ganho de peso, intestino lento, dificuldade de pensamento, concentração e raciocínio. Outros dois homônimos fundamentais na regulação da energia são a insulina e o cortisol, e você lerá sobre eles mais adiante. Mas, de antemão, fique com a informação de que a insulina é anabólico, pois é um dos estimuladores da produção de tecido gorduroso e muscular, enquanto o cortisol, entre outras funções, promove o catabolismo das reservas.

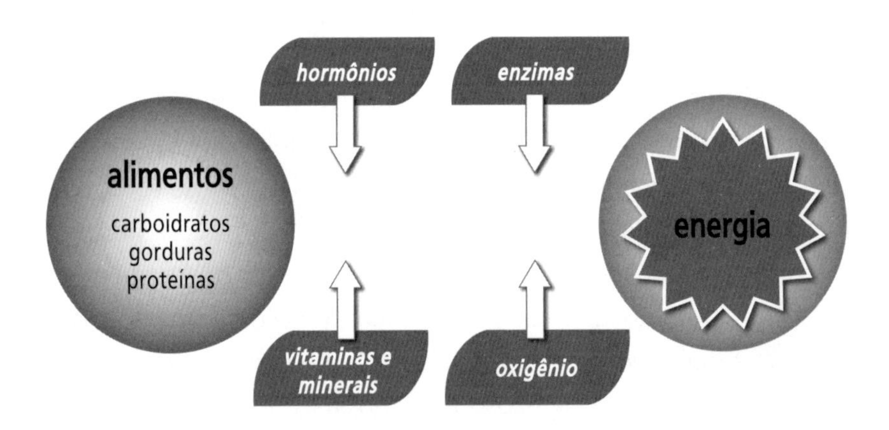

Pode-se dizer que o metabolismo já inicia no ato de você olhar e cheirar a comida. Lembra daquela expressão: "Essa comida está de dar água na boca"? É exatamente isso que acontece quando você cheira e observa um alimento que é apetitoso, seu corpo já se prepara para começar o processo de digestão, liberando saliva antes mesmo de você abrir a boca! E assim que a comida vai parar dentro da cavidade oral, suas glândulas salivares trabalham a todo vapor liberando esse líquido rico em enzimas que começa a dissolver os carboidratos. Esse processo químico, em conjunto com o processo físico da mastigação, quebra o alimento em partes menores, umidificando-o e compactando-o de forma que a língua possa empurrá-lo pelo trato digestivo, passando pelo esôfago até chegar no estômago.

Por esse motivo é fundamental que você mastigue bem e com calma sua comida. Engolir rápido e com pressa faz o processo de digestão começar com dificuldades maiores. Já o estômago e seus líquidos são feitos prioritariamente para quebrar as gorduras e proteínas, pois pouco do carboidrato é digerido nessa parte do corpo. Após o estômago, o bolo alimentar segue caminho pelo intestino delgado, onde termina a digestão de carboidratos e boa parte dos nutrientes são absorvidos. Os produtos fornecidos pelos carboidratos são absorvidos primeiro, seguidos pelos das proteínas e por último das gorduras. Por isso que quando você se alimenta apenas com fontes de carboidratos, como por exemplo, massas, logo em seguida você está com fome novamente, mas quando a alimentação é rica demais em gordura, você sente que a digestão demora mais. Daí vem parte da lógica de que o melhor tipo de carboidrato é o complexo, rico em fibras e que demora mais para virar glicose, pois tem o processo de queima mais prolongado, equilibrando melhor os níveis de glicemia.

O que é e como funciona o metabolismo
(explicação da figura de metabolismo)

Mitos e verdades sobre o metabolismo

1- É verdade que homens e mulheres têm metabolismo diferentes?

Verdade! O tecido muscular, que é um dos tecidos responsáveis pelos movimentos do corpo, dispende em média três vezes mais calorias do que o tecido de gordura e, normalmente, o homem tem mais massa muscular proporcionalmente em sua composição corporal do que a mulher. Isso ocorre por causa da questão evolutiva, pois nos tempos das cavernas era o macho da espécie que saía para capturar e conseguir alimentos e, por muitas vezes, precisava se deslocar a longas distâncias. Já a fêmea era responsável pelos cuidados locais e com os descendentes, sendo fundamental ter capacidade de procriação, e para a produção de hormônios reprodutores femininos os depósitos de massa de gordura são importantes na mulher. Tanto que é muito frequente que atletas de alto rendimento do sexo feminino fiquem sem menstruação por longos períodos por conta da composição elevada de músculos.

2- Existem alimentos que aceleram o metabolismo?

Verdade! Existem alguns alimentos que são capazes de aumentar em uma fração o gasto energético do corpo durante o processo de digestão, como a pimenta, por exemplo. Já percebeu que quando come uma quantidade razoável de pimenta logo sobe um calorão? Pois é aí que mora o problema. Para esses alimentos terem de fato um impacto significativo no metabolismo final você precisaria comer uma quantidade muito grande, de vários tipos, todos os dias, e dependendo do condimento ou alimento e da sua sensibilidade sob esse termogênico – alguns podem elevar a pressão arterial – mais prejudica sua saúde do que ajuda. Então, para ter os benefícios desses alimentos é importante cuidar da saúde globalmente e inseri-los na rotina alimentar com critérios.

3- Comer de 3 em 3 horas acelera o metabolismo?

Mito! Diversos estudos científicos nos últimos anos têm mostrado que realmente esse mito caiu por terra! Mas calma! Não estou dizendo que não seja saudável comer de 3 em 3 horas, se você sente fome, coma! Mas é para que você tenha uma boa gestão de glicose e energia disponibilizados para o seu corpo, não porque acelere o metabolismo!

4- Existem alimentos que prejudicam o metabolismo?

Verdade! Alimentos industrializados, ricos em carboidratos refinados, açúcares, conservantes e corantes podem induzir o corpo a um estado de inflamação crônica. E a energia, que poderia estar sendo usada positivamente para pensar e aprender, por exemplo, precisa ser desviada pelo organismo para sanar esse processo inflamatório desnecessário, que não existiria caso você não tivesse consumido esses tipos de alimentos, principalmente como rotina.

5- Praticar atividade física acelera o metabolismo?

Verdade! E o melhor: de duas formas diferentes!

- A prática de atividade física faz seu corpo queimar

mais energia durante o exercício e quanto mais intensa a atividade, maior o gasto energético.

- Estimula a produção de mais massa muscular e, como já vimos, a massa muscular também aumenta o consumo energético do organismo.

6- O metabolismo desacelera com a idade?

Verdade! Infelizmente, com o passar dos anos o organismo vai mudando a composição corporal, passando a depositar mais gordura e consumir mais a reserva muscular. A boa notícia é que com a prática de atividade física regular aliada a uma alimentação equilibrada desde jovem, você pode deixar sua reserva de massa muscular bem satisfatória e não sentir tanto o impacto dessa desaceleração do metabolismo pela idade. Eu costumo falar que o tecido de músculo no seu corpo é a "poupança" para qualidade de vida e autonomia física que você vai usar na velhice. Mas não se desespere se você já não é tão jovem assim, pois nunca é tarde para começar! Os benefícios da atividade física e de uma alimentação balanceada são inúmeros. Estudos já demonstraram que o aumento de memória é um deles, inclusive em pessoas com idades mais avançadas!

7- Ter metabolismo acelerado é bom?

Depende. Guardar energia é uma vantagem evolutiva, que permitiu a nossa sobrevivência ao longo dos tempos. Se nós, humanos, tivéssemos o metabolismo naturalmente acelerado desde outros tempos, não teríamos sobrevivido às épocas de privação de alimento ou dificuldades de clima e temperatura. No calor intenso, temos reserva para queimar; no frio intenso, a capa de gordura ajuda a preservar a temperatura do corpo. Por outro lado, a oferta e consumo exagerados de comida aliados ao sedentarismo (sequer nos levantamos para trocar o canal de TV), faz com que guardemos energia além do necessário para o estilo de vida atual. Por isso, precisamos trabalhar para que não haja depósito de energia em demasia, como na obesidade. Este estado de acúmulo excessivo de gordura está relacionado com o desenvolvimento de doenças que diminuem a expectativa de vida. Fomos para o outro extremo.

São seus hormônios!

Se, às vezes, você se sente sonolento sem motivo aparente, ou tem vontade de tirar uma soneca no meio do dia, ou até falta concentração quando assiste a um filme à noite, não se sinta de outro planeta, a maioria das pessoas sente isso! Ninguém se sente alerta e enérgico durante todo o dia, mesmo sem ter feito nenhum esforço físico adicional. A maioria das pessoas tem horários em que estão em seu melhor momento, cheias de energia e vigor, e em outros períodos experimentam a diminuição da disposição e do estado de alerta. Entender os ritmos biológicos diários naturais do seu corpo ajudará você a combinar suas atividades com as horas em que estiver mais alerta ou cheio de energia. Temos uma rotatividade natural de hormônios que sobem e descem durante o dia, chamados de ciclo circadiano. Em média, as pessoas costumam ter os ciclos parecidos, principalmente dentro de uma mesma família com rotinas parecidas, acordam no mesmo horário, saem de casa para suas atividades juntos e vão para cama em momentos similares, mas cada ser humano tem sua particularidade e sua hora mais produtiva.

Seu nível de alerta – ou seu oposto, a sonolência – é ditado por um aglomerado de células no hipotálamo, o centro do cérebro que regula o estado de alerta, o apetite, a temperatura corporal e outros estados biológicos. Ele atua como um "relógio" interno que controla seus ritmos, incluindo a ascensão e a queda de hormônios e outras substâncias químicas que influenciam você a se sentir sonolento ou acordado.

Como os outros relógios da sua vida, seu relógio interno funciona em um horário de 24 horas. De acordo com esse cronograma, as pessoas normalmente se sentem mais energizadas pela manhã, até o início da tarde. Muito disso por "culpa" do cortisol que é liberado em grandes quantidades logo cedo, concentrando a energia em seus músculos, mobilizando suas reservas energéticas e deixando você alerta suficiente para levantar da cama e realizar suas tarefas diárias, e não pegar a condução ou o caminho errado logo cedo! Veja o ciclo natural de liberação do cortisol no gráfico da página ao lado. Perceba como seus níveis são maiores pela manhã, têm alguns outros pequenos picos ao longo do dia, mas à noite ele está mais baixo que no início do dia. O movimento natural desse hormônio precisa ser respeitado, pois desta forma você poderá aproveitar o melhor da sua energia durante o dia e estará fisiologicamente relaxado à noite, para dormir com qualidade e com total recuperação de energia para o dia seguinte!

Secreção fisiológica do cortisol *(explicação do gráfico)*

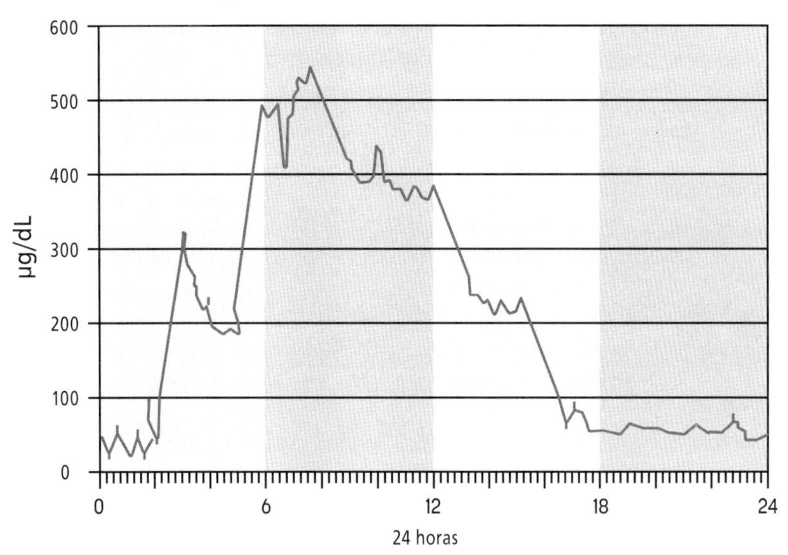

Viu como durante o dia o cortisol fica mais elevado e lá pelas 18 horas já está bem mais baixo? Isso permite que as substâncias que regulam o sono entrem em ação, como a melatonina, e que seu metabolismo diminua o suficiente para fechar os olhos e cair em um sono restaurador! Mas agora quero que você volte lá no gráfico e perceba (se ainda não percebeu) que no meio da madrugada acontece um novo pico de cortisol. Por que isso acontece? Para não deixar você acordar por hipoglicemia! A última refeição realizada por você, possivelmente, foi algumas horas antes e seu corpo mesmo em modo *slow* pelo sono, ainda precisa de energia para funções bem básicas à vida, como a respiração, circulação sanguínea, os rins precisam filtrar as toxinas do seu corpo etc. Outras funções, por incrível que pareça, são bem produtivas: é durante o sono que o cérebro faz a seleção do que ele vai mandar para a memória, também sedimenta as informações novas daquele dia como aprendizado e decide o que vai jogar para a lixeira cerebral. Imagine qual teria que ser o tamanho e energia gasta pelo cérebro se ele tivesse que guardar 100% do que você vive em um dia? Provavelmente nem conseguiríamos andar com o peso da cabeça!

O QUE EXATAMENTE É O CORTISOL E PARA QUE SERVE?

Ele é um hormônio da família dos esteroides, produzido no córtex (região mais externa) da glândula suprarrenal, mas tem a função de catabolismo, sendo um dos responsáveis pela quebra das reservas de energia nas proteínas, gorduras e fígado. Ele é liberado pelo corpo para essa função quando precisamos de energia. É conhecido pela má fama de ser o "hormônio do estresse", mas a verdade é que ele é primariamente um protetor, pois sem ele nossos níveis de glicose não conseguiriam se recuperar e nem teríamos energia para uma situação de necessidade ou "situação de estresse", como reagir a um ataque ou fugir. Nem sempre o estímulo estressante é negativo. Ele se torna ruim quando persiste por longos períodos ou em grandes intensidades. O ciclo fisiológico (normal) do cortisol pode ser totalmente alterado e gerar consequências gravíssimas para o corpo e cérebro. Veremos isso com mais detalhes em uma seção exclusiva deste livro mais para frente.

Outro hormônio fundamental para a gestão de energia ao longo do dia é a insulina, que tem uma função inversa a do cortisol. Ela é anabólica e age logo após a refeição, retirando a glicose que se acumula no sangue e direcionando para as células, onde vai ser usada para gerar a energia. Ela também segue um ciclo padrão de secreção fisiológica, que é muito similar aos níveis de glicemia após a refeição, como vemos no gráfico da página seguinte:

SECREÇÃO FISIOLÓGICA DA INSULINA

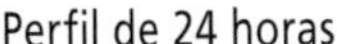

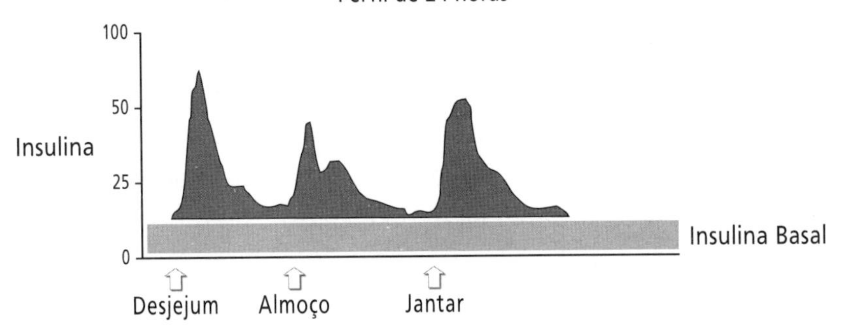

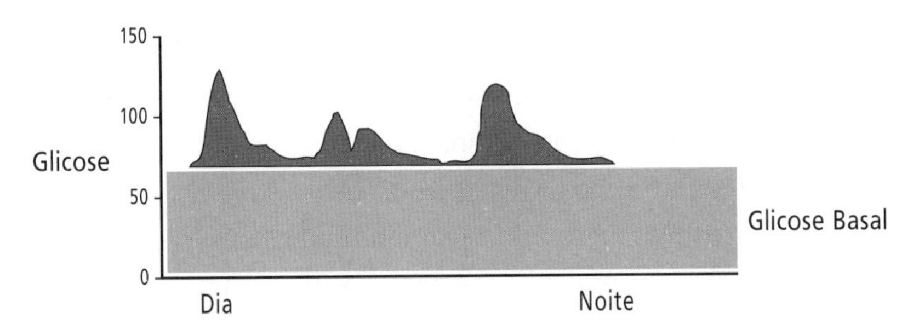

A insulina sobe em picos similares aos da glicose, pois sua secreção é estimulada quando os níveis de glicemia sobem, permitindo que as células do organismo a usem como fonte de energia imediata. O que sobrar de glicose que o corpo não precisar nesse momento será guardada (anabolizada) nas formas de reservas: proteína muscular, gordura e glicogênio. Então, já podemos deixar claro que esses dois hormônios, cortisol e insulina, têm ações opostas. Um não pode agir na presença do outro, pois o cortisol determina um estado de catabolismo e paralisa todas as funções anabólicas do corpo nesse momento, não permitindo a construção de tecidos.

Secreção fisiológica da Insulina *(explicação do gráfico)*

Pelo contrário, no momento da ação deste hormônio o corpo está quebrando reservas, o que significa que níveis elevados de cortisol por muito mais tempo do que deveriam estimulam a destruição de massa muscular. Guarde esta informação: uma das primeiras consequências dessa ação prolongada do cortisol é a diminuição do tecido muscular no corpo, prejudicando o metabolismo. Então, sentir-se cansado de vez em quando ao longo do dia, com um pouco de sono é normal, pois seus níveis de glicose naturalmente caem após algumas horas da refeição (há jeitos de minimizar e vou ensinar nos próximos capítulos), mas se você se sente cansado e consumido o tempo inteiro, tem coisa errada por aí.

Talvez seja algum desses dois hormônios que não estejam trabalhando adequadamente, e uma boa parte das vezes, eles não têm feito seu papel porque você não tem se alimentado direito, já que ambos são ativados por estímulos de rotinas alimentares. Por exemplo: se você pula o café da manhã rotineiramente, acaba perpetuando por mais tempo os níveis de cortisol elevado, pois ele precisa continuar estimulando o fornecimento de glicose para o corpo quando você levanta de manhã. Se você não dá para seu organismo uma fonte de glicose externa, através da alimentação, o cortisol vai continuar agindo para disponibilizá-la através das reservas, até chegar um ponto em que seu corpo entende que você, como não está comendo, precisa economizar energia para não tirar demais de suas "poupanças" e aí que sua produtividade vai por água abaixo.

E muitas pessoas negam que isso possa ser verdade, pois não sentem fome ao acordarem e dizem que simplesmente não conseguem tomar café da manhã. É bem provável que isso aconteça por que você habituou seu corpo sem essa refeição e seu cérebro, para economizar energia e não deixar você maluco, parou de mandar o estímulo de fome pela manhã. Já que sabe que você não come mesmo, ele entrou no modo "energia baixa". Se você não se alimenta com regularidade ou toma apenas um cafezinho preto pela manhã, sem outras fontes de carboidratos, fibras, gorduras e proteínas e se sente cansado ao longo do dia, vou lhe dar um conselho: tente se forçar a tomar um café da manhã – uma refeição de verdade com todos os macronutrientes que citei – por alguns dias. Mudo meu nome se você não se sentir melhor!

capítulo 3

Coma melhor e domine o mundo

"A evolução do Homem passa, necessariamente, pela busca do conhecimento."

Sun Tzu

Um histórico da evolução do metabolismo humano

Ter comida em casa estocada na despensa ou passar no shopping para comprar um lanche quando estamos com fome é um recurso criado há pouco tempo, se compararmos aos milhões de anos de evolução da espécie humana. A primeira linhagem relacionada aos humanos data de aproximadamente 5 milhões de anos atrás, enquanto que as primeiras feiras e mercados, apenas há alguns milhares.

Antes disso éramos responsáveis pelo próprio cultivo do alimento, e muito antes disso, quando nem sabíamos que era possível criar e dominar o fogo, contávamos com as habilidades de transformar pedras em armas para caçar e, obviamente, tudo que era caçado e coletado era consumido ao máximo, porque nunca se sabia quando se encontraria algo comestível novamente pela frente. Poderia ser no dia seguinte ou poderia ser apenas na semana seguinte! E assim se seguiu por centenas e centenas de anos: o organismo estocando energia em forma de gordura para não morrer nos primeiros dias de privação, fazendo todo o possível para economizar o gasto energético.

Por esse motivo, até hoje, precisamos descansar e contar com uma noite bem dormida para ter um dia seguinte produtivo. Já percebeu que quando você teve um dia puxado, seu corpo chega em casa pedindo cama? Ou quando não dorme direito passa o dia inteiro com sono? É seu cérebro mandando sinais para o corpo que você precisa parar um pouco e refazer os estoques de energia. Além disso, estudos recentes mostram que há estímulo de produção de massa muscular enquanto dormimos à noite, então é fundamental o equilíbrio sobre o ciclo de vigília e sono para a manutenção de músculos fundamentais à sobrevivência.

CRONOLOGIA DA EVOLUÇÃO HUMANA

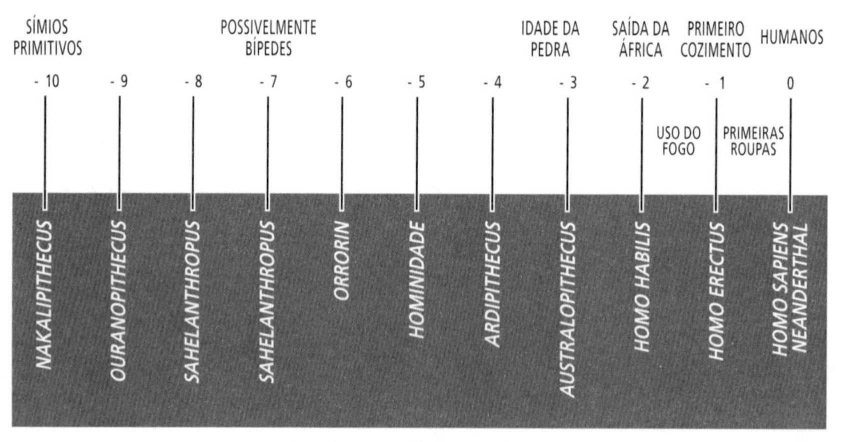

Escala em milhões de anos

Isso de fato foi uma vantagem evolutiva, pois sem um bom gerenciamento de energia, jamais teríamos sobrevivido a essa época inóspita da Humanidade e a outras tantas, mesmo em períodos mais recentes.

O tecido gorduroso, além de ser reserva direta de energia, também serve de proteção mecânica, amortece impactos e ajuda a passar por baixas temperaturas. Você já deve ter visto uma pessoa gordinha reclamar muito mais do que um magrinho que está sentindo calor quando os dois se encontram no mesmo horário, em um mesmo ambiente com temperaturas mais elevadas; assim como também deve ter percebido o magrinho reclamar que está morrendo de frio, enquanto que o colega com mais tecido adiposo está confortável em temperaturas baixas. A gordura promove uma capa térmica natural.

Porém, a nossa realidade atual é muito diferente da Idade da Pedra. Hoje temos facilidade em conseguir alimento, e geralmente ele fica a poucos metros de distância, em alguma prateleira e em uma forma de digestão rápida para o corpo, como os biscoitos, torradas e pães, que estão na rotina diária de uma boa parte de nós. Além disso, não precisamos mais andar quilômetros e quilômetros para caçar comida e muito menos carregar todo o peso no braço. Hoje contamos com o carro que nos leva ao supermercado e o carrinho de compras para andar com nossas escolhas para lá e para cá, na loja. E se a vaga do estacionamento for na porta do mercado, o sentimento de felicidade logo invade o corpo e nos sentimos sortudos de termos encontrado uma vaga tão pertinho... Mas, se vamos andando com o carro e nos distanciando da entrada, a frustração vai tomando conta! Isso já aconteceu com você? Provavelmente sim! E não sinta vergonha, não é culpa sua, isso acontece com a maioria das pessoas, é apenas o cérebro tentando fazer você economizar energia. Foram muitos anos sofrendo privação para se sentir seguro em estimular você a andar (gastar energia) sem ser extremamente necessário.

O mesmo ocorre com os estoques de energia em forma de gordura, nosso cérebro ainda não entendeu plenamente que não estamos mais na época das cavernas, e com isso continua mandando o estímulo para guardar. Então, se dependêssemos somente disso, mesmo nos dias atuais com excesso de comida e toda a facilidade de transporte, passaríamos o dia sentados no sofá, em frente à TV, comendo todos os tipos de guloseimas possíveis, e quanto mais calórica e mais fácil de digerir, melhor, pois o esforço seria menor para conseguirmos essas calorias. Lembra naquele dia que você chegou varado de fome em casa? Tenho certeza que não era salada cheia de folhas para mastigar que seu cérebro estava pedindo para você comer! E, como consequência, estamos vivendo em uma sociedade com cada vez mais sobrepeso e colhendo os maus frutos dessa dinâmica.

Prova é que dados do Instituto Brasileiro de Geografia e Estatística (IBGE) de 2016, últimos divulgados até então, mostram um crescimento de 60% no número de obesos entre 2006 e 2016. E você se pergunta: o que obesidade tem a ver com produtividade? E eu respondo: muito! Fomos para o outro extremo! O da privação para o da abundância! Infelizmente, o acúmulo de tecido gorduroso tem efeitos danosos para a função cerebral, porque as células de gordura têm potencial inflamatório importante e causam um estado de inflamação crônico em todo o organismo – inclusive no cérebro – como foi comprovado recentemente por estudiosos da Unicamp. Esse estado inflamatório desvia o uso da energia pelo corpo para tentar sanar essa inflamação, por si só danosa para o corpo, além de ser porta de entrada para doenças mais graves ainda. Então o organismo entra em uma espécie de estado de defesa, priorizando o uso de energia para funções de sobrevivência; e pensar, aprender, memorizar – todas as funções cognitivas – passam a não ser prioridade.

Lembra da última vez que você teve um resfriado, você conseguiu se concentrar em alguma tarefa importante? Aposto que tudo que você queria naquele dia era uma cama quentinha para deitar!

EVOLUÇÃO DA OBESIDADE

Cérebro primitivo x cérebro produtivo

"Semeie um pensamento
e colha um ato;
Semeie um ato
e colha um hábito;
Semeie um hábito
e colha um caráter;
Semeie um caráter
e colha um destino."

Samuel Smiles

O nosso cérebro, ao longo dos milhares de anos de nossa existência e desde nossos primórdios, precisou se adaptar e se moldar às circunstâncias para que fosse desenvolvendo melhores condições de sobrevivência, como a criação de armas de caça, o domínio do fogo para cozinhar e se proteger do frio, até o ato de criar animais e cultivar sua própria alimentação. Ele nem sempre foi da mesma estrutura física que temos hoje. Estima-se que os *Australopithecus,* hominídeos que viveram no período Paleolítico, ou da Pedra Lascada, há 3 milhões de anos, tinham o cérebro pequeno, pesando por volta de apenas meio quilo. Esta espécie tinha a habilidade de andar em dois apoios para poder ter as mãos livres para carregar suas caças e coletar alimentos em sua vida nômade, o que já era uma evolução sobre a espécie anterior, que andava sobre quatro membros e não tinha como transportar os alimentos, só podia consumi-lo no ato da caçada ou coleta.

Com a evolução da espécie humana o cérebro foi crescendo em camadas, hoje tem por volta de 1,5 kg, o tamanho do crânio foi se adaptando. As camadas mais internas do cérebro são ligadas às funções instintivas de sobrevivência e as mais externas com atribuições mais refinadas, como aprendizado, memória e pensamento lógico. No fim, ele é como se fosse uma casa tecnológica de última geração, com vários comandos automatizados e facilidades impressionantes, mas que não foi construída do zero. É uma estrutura supertecnológica inserida dentro de uma casa antiga com redes de comunicações antigas, usadas por muito tempo, e que às vezes travam e não funcionam da melhor maneira sem uma boa revisão e manutenção de suas vias.

EVOLUÇÃO DA BIOLOGIA CRANIANA

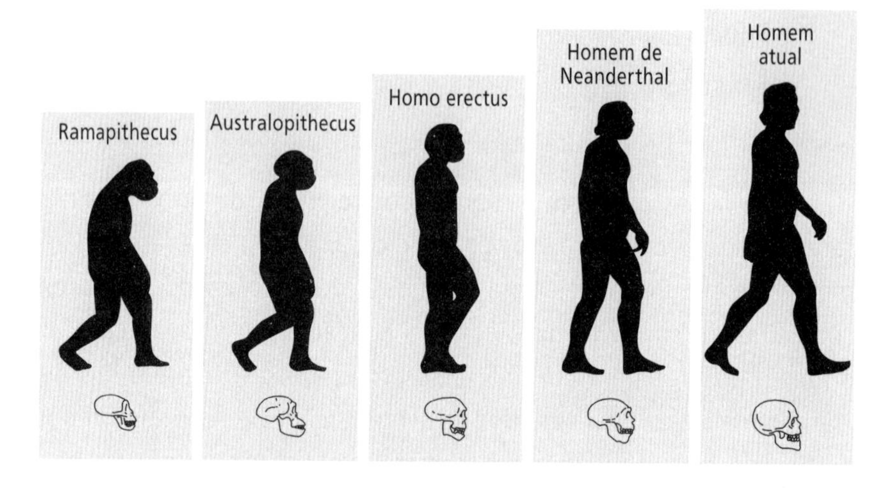

É importante que você entenda a estrutura anatômica e funcional desse órgão que comanda as nossas habilidades produtivas, pois somente assim você poderá usá-lo da melhor maneira.

Então vou fazer uma definição bem simplificada das regiões principais para que você entenda onde sua comunicação entre as camadas pode estar empacando e influenciando negativamente na sua produtividade.

Pense no cérebro agora como se fosse uma cebola com várias camadas, crescendo do "miolo" para fora. Vamos dividir o cérebro em três regiões, conforme a localização:

A região mais interna

Essa é a parte mais primitiva do conjunto cerebral, é inconsciente e responsável por funções ligadas ao instinto e sobrevivência. Nessa região se encontram as estruturas responsáveis por manter a respiração, os movimentos intestinais e batimentos cardíacos. E também aquelas que reagem em uma situação de perigo, liberando substâncias químicas cerebrais, como a noradrenalina, que preparam o corpo para uma reação de luta ou fuga. Sabe quando dá aquela taquicardia, aquele frio que sobe pela barriga, quando os músculos enrijecem após tomar uma fechada no trânsito e assim que o susto passa automaticamente você solta um palavrão quase explodindo de raiva? Então, nessa hora é esta região que está no comando! Sem muito tempo para pensar ou raciocinar, ela apenas reage! Muitos autores chamam de **cérebro reptiliano**, pois os répteis possuem apenas essa região cerebral e se defendem de possíveis predadores sempre com um ataque em potencial. Nós chamaremos de **cérebro reativo**.

Ainda nessa região é produzida a serotonina, neurotransmissor responsável por sensação de bem-estar e prazer – sua deficiência tem sido relacionada com a sensação de medo, insegurança e estados depressivos, além de alterar o ciclo natural de sono-vigília – e a dopamina, que ativa o sistema de prazer por recompensa imediata.

A região ao centro

Está ativa quando você sente aquele cheirinho de bolo caseiro e automaticamente você lembra do lanche na casa da vovó, ou quando sente o cheiro semelhante ao de uma comida que fez você ter uma intoxicação alimentar no passado e logo o estômago fica revirado. É responsável por emoções afetivas, aprendizado, memória, apetite, impulso sexual e motivação. Essa região é um meio de campo entre a parte instintiva do cérebro e a parte racional, flutua entre o inconsciente e o consciente.

É aqui nessa região que você busca na memória experiências passadas para tomar a melhor decisão para uma situação atual. Também é a região que faz você comprar um par de sapatos sem precisar, mesmo tendo 83 novinhos em casa, só porque ele ficou lindo no seu pé; ou faz você topar o chope assistindo futebol com os amigos, mesmo sabendo que sua mulher vai querer quebrar seu pescoço assim que chegar em casa tarde e meio "alegrinho". Aqui está o chamado sistema límbico, onde se encontra uma estrutura chamada hipocampo, que é especificamente responsável por memória a longo prazo, aprendizado e organização de fatos. E onde, recentemente, a ciência tem mostrado ser uma das poucas regiões do cérebro onde há neurogênese, ou seja, a produção de novos neurônios. Vamos chamar essa parte de **cérebro meio de campo.**

A região mais externa

É a parte consciente e racional. O tomador de decisões, que busca nas partes mais internas as memórias e aprendizado pregresso para decidir o presente e prospectar o futuro. É responsável pelo pensamento lógico e planejamento estratégico. Aqui se encontra o córtex cerebral e foi a última camada a se desenvolver ao longo da evolução, com seus circuitos de comunicações se tornando cada vez melhores e eficientes, fazendo a gente se diferenciar do restante do mundo animal. Através dele que planejamos nossas metas, criamos os meios para realizar nossos sonhos, analisamos nossos próprios sentimentos e modificamos nossas ações. Chamaremos essa última área de **cérebro produtivo**.

Como funcionam as três camadas do cérebro

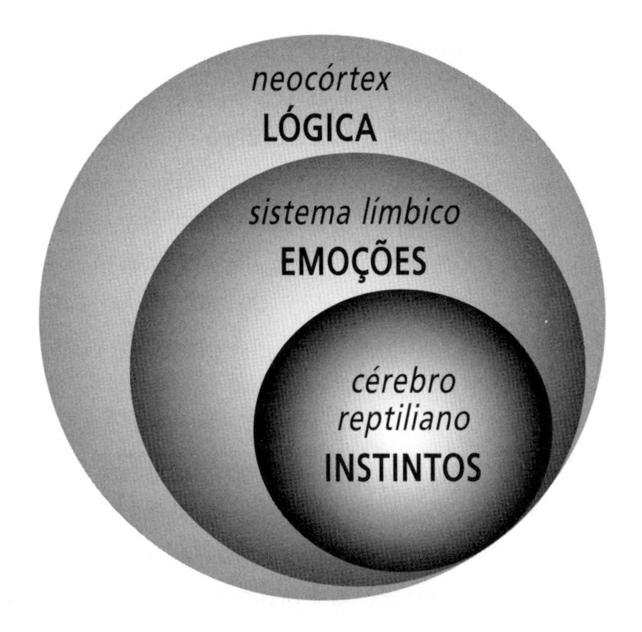

Estrutura e nomenclatura clássica da divisão do cérebro em 3 camadas

Estrutura renomeada na Metodologia Falcão

Tiraremos a melhor performance cerebral se soubermos como lidar com essas três importantes regiões cerebrais. Apesar de termos deixado a denominação de cérebro produtivo para a última parte, a melhor produção possível vai ser realizada quando conseguirmos colocar todas estas partes em sintonia, entendendo a importância de cada uma e construindo uma alimentação que dê o suporte necessário para o pensamento lógico, aprendizado e decisão.

Para exemplificar, vamos ver um episódio da vida de Álec:

> "Álec era um grande gestor na sua empresa, e com a proximidade do fim do ano, estava na hora de apresentar os novos projetos para o ano seguinte. Ele tinha conseguido uma oportunidade única de apresentar seu projeto ousado e inovador, que poderia lhe render uma promoção e um investimento de muitos zeros em sua área, para o diretor regional que estaria fazendo uma visita ao escritório na segunda-feira, logo na primeira hora do dia. Então, ele aproveitou o fim de semana para fazer os ajustes finais em sua apresentação, conferir cada detalhe e deixar tudo perfeito para a hora H. Programou que no domingo dormiria cedo para na segunda acordar bem e descansado. Mas, para sua surpresa, sua esposa apresentou um quadro de intoxicação alimentar no início da noite de domingo. De imediato, ele ficou chateado, se preguntando se não teria outro dia para ela ficar doente...
>
> Mas logo percebeu que esse era um questionamento bobo e era óbvio que ela não teria ficado doente de propósito naquele momento. O fato é que logo ficou claro que ela não teria a menor condição física para deixar as crianças na escola no dia seguinte (o que era habitualmente realizado pela esposa), essa tarefa teria que ser executada por ele, assim como dar banho e vesti-las logo cedo. Então, ele precisou tomar a seguinte decisão: seria melhor acordar na hora de sempre e pular o café da manhã para dar tempo de levar as meninas na

escola sem perder alguns minutos de sono ou acordar mais cedo e não deixar de tomar o café? Enquanto pensava para decidir veio à sua mente a última vez em que deixou de fazer essa refeição (que era acostumado) e chegou ao trabalho se sentindo mal e sem energia, e o que mais ele precisaria para sua reunião com o chefe era de energia. Ficou decidido: acordaria mais cedo! E assim o fez: tomou seu café, arrumou as meninas e as deixou na escola, tudo certo, tudo em paz.

Até o momento em que teve uma colisão entre dois carros e provocou um pequeno engavetamento, ele poderia ter sido um dos carros envolvidos no acidente (uau! que susto!), porém, seu reflexo rápido fez com que ele freasse a tempo e saísse ileso. Um caos se fez na rua e Álec foi ficando mais tenso. Olhou para os lados a procura de uma solução e percebeu que quase em frente ao lugar que o seu carro estava parado tinha um estacionamento. Resolveu parar seu carro lá, pegou sua pasta com seus pertences e andou uma quadra para cima para pegar um taxi, chegou ao trabalho a tempo, tomou um copo de água, respirou fundo e entrou para sua reunião. Foi um sucesso! Ele conseguiu a aprovação e o investimento necessário!"

Esse é o exemplo de um cérebro produtivo! Não só porque ele usou a parte racional do cérebro várias vezes durante esses dias de sua história, mas também porque soube lidar com as situações que ativaram as demais regiões cerebrais, sempre trazendo o estímulo de volta para a região que pensa e assim tomando as melhores decisões conforme o seu objetivo. Ele não deixou se levar pela emoção do momento.

Se você não percebeu a mudança das funções e ativações de acordo com as três regiões cerebrais que aprendemos ainda há pouco no nosso esquema simplificado, volte a ler a história e faça o seguinte exercício: escreva pelo menos uma situação onde cada região foi ativada. Pode usar o resumo da tabela da página ao lado para ajudar.

Resumo	Principais funções	Principais estruturas
Cérebro Reativo	Comportamento instintivo e reativo Controle dos reflexos Batimento cardíaco Pressão sanguínea Funções viscerais de digestão e excreção Tônus muscular e equilíbrio sensorial	Tronco encefálico Mesencéfalo Hipotálamo Núcleos da base Cerebelo
Cérebro Meio de Campo	Emoções Reações afetivas e sociabilidade Impulso sexual Memória Sono Aprendizado	Amígdala Hipocampo
Cérebro Produtivo	Planejamento Pensamento lógico e estratégico Tomada de decisões Retardo de recompensa Controle de impulsos Imaginação Associações	Córtex cerebral

Exercício:

1- Usou o **cérebro reativo** quando ______________________

____

____

2- Usou o **cérebro meio de campo** quando ______________

____

____

3- Usou o **cérebro produtivo** quando __________________

____

____

____

A importância do carboidrato: como foi que deixamos de comer para sobreviver e passamos a comer para desenvolver

Os carboidratos parecem ser os vilões da vez, multiplicam-se programas de dietas de baixo consumo ao redor do mundo, e claro que no Brasil essa moda voltou a pegar desde a dieta do Dr. Atkins, que propunha o corte amplo de carboidratos, mas liberava gorduras à vontade e de qualquer tipo. Por isso, foi amplamente criticada por vários estudiosos, principalmente pela *American Heart Association* (Associação Americana do Coração), por não se saber realmente o risco a longo prazo dessa dieta que propunha emagrecimento rápido e fácil. Alguns anos depois surgiu a dieta do médico francês Dr. Dukan, que prometia os mesmos resultados rápidos e de fácil adaptação, mas estimulando o consumo de alimentos de baixo teor de gordura, e depois de uma fase inicial com restrição intensa de carboidratos, permitia a volta desse macronutriente, mas sempre mantendo a atenção para o consumo do tipo complexo. O que pareceu ser mais saudável, dado ao conceito clássico que pouca gordura é melhor do que muita – estudos têm mostrado que não é bem assim –, mas voltaremos a esse assunto mais tarde.

Mais recentemente entrou em alta a dieta paleolítica, muito falada nas redes sociais. Ela também restringe os carboidratos, já que estimula apenas o consumo dos macronutrientes que eram supostamente consumidos na Era Paleolítica, como os oriundos dos legumes (não inclui todos) e verduras, liberando somente um pouco de frutas. A base da pirâmide alimentar dessa dieta seria proteína e gordura de origem animal (exceto leite, pois defende que nosso corpo não foi feito para digeri-lo, assim como os grãos, arroz, trigo e açúcar). Pode até soar um pouco radical, mas um lado bem positivo dessa dieta é que ela prega uma alimentação mais natural possível,

#comidadeverdade, excluindo da alimentação qualquer tipo de industrializados. Porém, se fosse verdade absoluta que todos os seres humanos não conseguem digerir os alimentos citados, vegetarianos e veganos não existiriam no mundo. Ou não sobreviveriam, melhor dizendo. O fato é que nosso organismo, principalmente o cérebro, é extremamente adaptativo e se molda a diversas situações.

Em 2015, pesquisadores do Colégio Universitário de Londres, da Universidade de Sidney e da Universidade Autônoma de Barcelona publicaram um estudo onde afirmam que o consumo de alimentos ricos em amido (um tipo de carboidrato) foi fundamental para nossa evolução, isso porque a glicose obtida através dos carboidratos é um dos principais nutrientes para o cérebro.

A capacidade que os nossos antepassados tiveram em desenvolver amilase, a enzima que começa a digerir o carboidrato já na boca, foi determinante para o aproveitamento da glicose proveniente de raízes e tubérculos. E toda essa glicose, até então restrita, sustentou o crescimento acelerado do cérebro há aproximadamente um milhão de anos. A multiplicação das amilases salivares se deu, provavelmente, por uma resposta adaptativa do corpo ao consumo de vegetais cozidos. Nessa época já havia manipulação do fogo, usado também no preparo dos alimentos que, quando cozidos, são digeridos mais facilmente do que os crus. Portanto, de acordo com esse estudo, os carboidratos foram importantes para o desenvolvimento humano e todas as camadas cerebrais que ganhamos com o tempo, podendo passar de um cérebro que apenas era voltado para sobrevivência, para um com capacidade de pensar logicamente, tomar decisões e planejar estratégias.

Indo contra a onda das dietas *low carb,* até hoje o cérebro ainda usa glicose, preferencialmente, como fonte de energia, e o grande fornecedor desse nutriente na dieta são os carboidratos. Então, o segredo não está simplesmente em cortá-los ou reduzi-los radicalmente da dieta, mas em consumir aqueles que fornecem o melhor tipo de energia. Isso significa que você deve diminuir o consumo de fontes de carboidratos processados, evitar os ultraprocessados e fazer dos alimentos *in natura* e minimamente processados a base da sua dieta.

Tipo de Alimento	Conceito	Exemplos
In natura	São obtidos diretamente de plantas ou de animais e são adquiridos para o consumo sem que tenham sofrido quaisquer alterações após deixarem a natureza. Podem sofrer alguma alteração antes de serem adquiridos como limpeza, remoção de partes não comestíveis e refrigeração	Frutas, legumes, verduras, raízes, tubérculos, leites puros e ovos
Minimamente processado	É quando há limpeza, remoção de partes não comestíveis, secagem, embalagem, pasteurização, resfriamento, congelamento, moagem e fermentação, sem agregação de sal, açúcar, óleos, gorduras ou outras substâncias ao alimento	Arroz, feijões, leites e carnes (vermelha e branca)
Processados	São produtos fabricados essencialmente com a adição de sal ou açúcar (ou outra substância de uso culinário como óleo ou vinagre) a um alimento *in natura* ou minimamente processados para torná-los duráveis e mais agradáveis ao paladar	Alimentos em conserva, embutidos, enlatados, frutas em calda, queijos e pães feitos de farinha de trigo, leveduras, água e sal
Ultraprocessados	São formulações industriais feitas inteiramente ou majoritariamente de substâncias extraídas de alimentos (óleos, gorduras, açúcar, amido, proteínas), derivadas de constituintes de alimentos (gorduras hidrogenadas, amido modificado), ou sintetizadas em laboratório com base em matérias orgânicas como petróleo e carvão (corantes, aromatizantes, realçadores de sabor e vários tipos de aditivos usados para dotar os produtos de propriedades sensoriais atraentes)	Biscoitos recheados e salgadinhos "de pacote", refrigerantes, temperos prontos, refrescos e macarrão instantâneo

Fonte: Guia Alimentar da População Brasileira

A função de piloto automático cerebral

Quantas vezes você foi dirigindo da sua casa para o trabalho e nem lembra exatamente do caminho que fez? Durante o percurso você estava pensando nas coisas para resolver naquele dia no trabalho, planejando as próximas férias, ouvindo o rádio ou simplesmente conversando com a pessoa ao lado. Isso acontece porque o seu cérebro – depois de você fazer repetidas vezes esse mesmo caminho – coloca você em modo de piloto automático, já sabendo cada esquina que você deve virar para chegar ao seu destino, e faz você economizar energia para que não precise pensar em cada etapa desse processo, inclusive o de dirigir. Lembra quando você estava aprendo a dirigir e tinha que pensar em cada movimento que deveria fazer? *"Primeiro eu confiro se está na marcha neutra, depois ligo o carro, agora eu solto o freio de mão, coloco em primeira marcha e começo acelerar, o carro começa a sair do lugar, ganha um pouco de velocidade, tenho que passar para a segunda marcha..."* e assim por diante! Hoje você faz tudo isso e nem lembra que fez poucos segundos depois!

Imagine como seria exaustivo seu dia se você tivesse que pensar e planejar cada pequeno passo, desde abrir os olhos, levantar da cama e voltar para a cama novamente à noite, após escovar os dentes! É claro! O cérebro liga o piloto automático várias vezes ao longo da sua vida. Primeiro, como já foi dito, para fazer uma melhor gestão de energia: baseado no seu histórico de ações, ele prevê o provável próximo passo e já executa sem ter que pedir sua autorização consciente; e segundo, para liberar espaço no seu cérebro para que você possa aprender coisas novas.

Parece ser um sistema perfeito, mas tem os seus defeitos. Muitas vezes, é preciso desligar o piloto automático para se evitar transtornos. Um exemplo que vou contar é de uma amiga minha, que frequentemente faz viagens a trabalho e costuma usar serviço de táxi para ir e voltar do aeroporto. Num determinado dia, como a viagem era cedo e ela voltaria à noite, resolveu ir dirigindo e deixar o carro no estacionamento. Ao retornar do aeroporto, cansada, fez como sempre fazia: foi para a fila do táxi – que estava gigantesca – entrou no carro e deu o endereço para o motorista. A sorte foi que, assim que saíram, o táxi passou em frente ao estacionamento e ela se lembrou que seu carro estava ali. Terminou a breve corrida e voltou dirigindo para casa. O transtorno e a perda de tempo poderiam ter sido ainda maiores. Ela atribuiu essa situação à rotina estressante que vinha levando nas últimas semanas. Eu acredito mais que era o cérebro dela ligado no piloto automático, pois o carro no estacionamento era uma exceção.

Essa execução automática de ações pelo cérebro pode levar a situações mais desastrosas ainda. Você já deve ter lido notícias de pais que esqueceram seus filhos no carro e foram fazer suas atividades rotineiras. Mas, se você se aprofundar na leitura perceberá que naquele dia em especial, ficar com o filho não era rotina para aquela pessoa. O modo automático do cérebro é tão poderoso que pode fazer você cometer erros gravíssimos! De forma alguma eu estou dizendo que esse nosso sistema cerebral é ruim – aliás, ele é ótimo – pois nos permite gerir melhor a energia e memória, porém há situações em que você precisa voltar a pegar a direção para executar ações diferentes e até mesmo criar comandos de automação novos para aquilo que chamamos de hábitos.

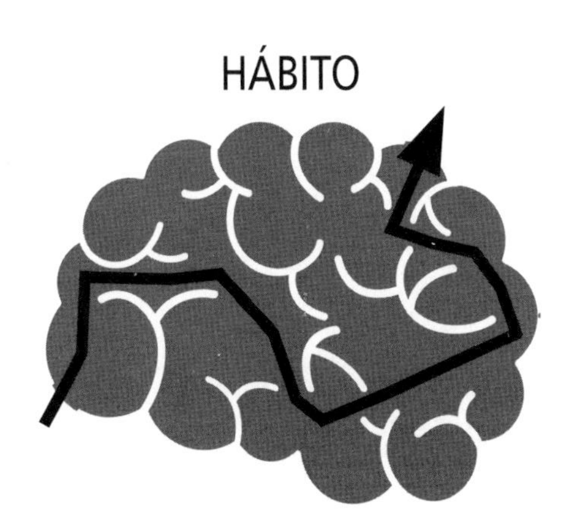

Como as nossas escolhas alimentares do dia a dia também são comandadas pelo piloto automático, você cria hábitos que vêm enraizados em você provavelmente desde da sua infância. É o que você se acostumou, é o que dá conforto! E você continua fazendo as mesmas escolhas todos os dias. Diria que não são nem mais escolhas, porque você nem decide, na maioria das vezes, vai lá e faz igual praticamente todos os dias. Então, quando falamos em mudar a alimentação e de fato fazer escolhas diferentes e mais saudáveis, ou simplesmente reduzir a quantidade de comida no prato, o cérebro briga, pois quer voltar para o que é mais confortável. É nesse momento que você precisa fazer escolhas conscientes e retomar o comando cerebral, voltar a dirigir sua própria máquina para mudar a direção e criar rotinas com hábitos alimentares melhores! Vai demandar mais esforço no início, mas é como qualquer aprendizado. Voltando ao ato de dirigir, lembra como foi desgastante os primeiros dias ao volante? E hoje você faz praticamente sem pensar. Assim será com sua nova rotina alimentar! Acredite!

capítulo 4

Neuroplasticidade: a capacidade que o cérebro tem em se adaptar e se multiplicar

"Não é o mais forte que sobrevive, nem o mais inteligente, mas o que melhor se adapta às mudanças."

Charles Darwin

Multiplicamos neurônios, sim! E podemos ficar mais inteligentes a cada dia

Você pode estar se questionando se a alimentação tem alguma relação com a inteligência e se o QI (quociente de inteligência) não depende apenas de fatores genéticos e de como estimulamos nosso cérebro através de exercícios mentais e lições sobre ciências, matemática, geografia, literatura e todas aquelas matérias que aprendemos na escola. Mas, se você pensa desse jeito, está muito enganado! Sabe aquela musiquinha que aprendemos quando éramos crianças? "Comer, come-er! Comer, come-er! Comer, comer para poder cresce-er!". Pois é, em 1990 cientistas da Irlanda do Norte publicaram um grande estudo sobre nutrição e inteligência que comprovou que a melhoria da quantidade e qualidade nutricional na última metade do século XX fez não só o corpo crescer, mas também o cérebro, assim como melhoraram o desenvolvimento neurológico e capacidade cognitiva, responsáveis por maior inteligência.

E ainda no século passado, esses cientistas já alertavam que a nutrição estava abaixo do ideal para proporções substanciais da população e novos aumentos na inteligência poderiam ser antecipados se os padrões de nutrição pudessem ser melhorados. E bem mais recentemente (2013), um estudo foi realizado na China, com mais de 1200 crianças, mostrando que o consumo regular do café da manhã é responsável pelo incremento do QI em crianças em idade escolar. Ou seja, pular essa refeição pode piorar os níveis de inteligência já na infância.

E podemos aumentar a inteligência na fase adulta? Claro que sim! Antes de mais nada, gostaria de confirmar que temos o mesmo conceito. Segundo o nosso famoso dicionário Aurélio, inteligência é "o conjunto de todas as faculdades intelectuais – memória, imaginação, juízo, raciocínio, abstração e concepção". Nem sempre é assim, mas posso dizer que nesse significado o conceito do dicionário clássico bateu certinho com o conceito científico. Aumentar a inteligência seria conseguir incrementar todas essas funções cognitivas. E a gente consegue fazer isso aumentando a rede de neurônios, melhorando a comunicação entre eles e prevenindo a sua morte precoce e sem necessidade. Todas essas coisas podem ser resumidas em uma expressão científica chamada de **neuroplasticidade**.

Sei que é bem provável que você nunca tenha ouvido falar nessa palavra, pois ela também é relativamente nova para mim. Em 1999, quando estudei Neuroanatomia no meu primeiro período da faculdade, era considerada uma verdade absoluta – pelo menos segundo meu professor – que depois de uma certa fase na vida, os neurônios perdiam a capacidade de se multiplicar e a partir daquele ponto toda célula cerebral perdida não teria mais como ser reposta. Bem, através de consultas a publicações científicas alguns anos depois descobri, para minha surpresa, que as primeiras pesquisas que comprovaram a multiplicação dessas células datam de 1960! E mais incrível ainda é que mais de 50 anos depois ainda é pouco difundido que podemos sim renovar células neuronais.

Ainda bem que hoje em dia, com acesso a milhares de jornais e revistas sérias com artigos e trabalhos novos a todo momento, e depois de vários anos e dezenas de pesquisas, descobrimos a

neuroplasticidade! Esse nome lindo diz respeito à habilidade que o cérebro tem de se adaptar a diversas situações diferentes, melhorando seu desempenho por meio do aumento da rede de conexões entre os neurônios e, veja só, a partir da multiplicação celular! O ganhador do Nobel de Medicina e Fisiologia 2016, o biólogo japonês Yoshinori Ohsumi, levou o prêmio devido às suas importantes descobertas sobre os mecanismos de reciclagem celular que nos permitem compreender como surgem diversas doenças, especialmente as neurodegenerativas. Isso possibilita um estudo diferenciado sobre como preveni-las.

A cada ano a expectativa de vida da população tem aumentado em boa parte do mundo, inclusive no Brasil, e o fato é que devemos nos preocupar com a qualidade desse envelhecimento para que possamos chegar a fases mais adiantadas da vida com plena capacidade física e mental. As doenças mais comuns do envelhecimento são relacionadas às demências cerebrais, estado que cursa com atrofia do cérebro, causando a deterioração de suas funções. Imagine o impacto na sua vida e de seus familiares a possibilidade de perder a identidade, o intelecto e não ter a capacidade de fazer coisas básicas como escovar os dentes, ou pior: sequer se lembrar de quem você é.

O QUE É NEUROPLASTICIDADE?

É a capacidade que o cérebro tem de mudar e adaptar, tanto de forma estrutural como funcional, em resposta a padrões de experiência vividas, aprendizados e estímulos diversos. Nunca dois seres humanos terão a estrutura funcional de um cérebro exatamente iguais, mesmo que nasçam com os mesmos genes (como gêmeos idênticos), pois o desenvolvimento neuronal depende também dos estímulos externos que recebem ao longo do seu desenvolvimento.

No Brasil ainda não temos dados tão claros, mas nos Estados Unidos estudos mostram que pessoas acima de 55 anos têm mais medo da doença de Alzheimer do que de qualquer outra, como câncer, problemas cardíacos e acidente vascular cerebral (AVC). Como faltam políticas claras de comunicação em saúde sobre o aumento da expectativa de vida do brasileiro e quais as consequências disso, precisamos nos atentar para a prevenção de doenças que podem se manifestar com o avançar da idade, se não tivermos um estilo de vida adequado. Para você ter ideia, em 1940, segundo dados do IBGE, a expectativa de vida do brasileiro era de 45,5 anos, pulando para 75,8 anos em 2016.

Há alguns meses ouvi uma entrevista com um psiquiatra brasileiro falando justamente desse aumento de longevidade no Brasil e como aqui não temos estruturas de casas de repouso para abrigar os idosos. Falou que com o crescimento dessa população de idade avançada temos que mudar nossa cultura e construir mais casas de cuidados para que essas pessoas sejam assistidas. Bom, não sei você, mas eu não quero jamais terminar meus dias em uma casa de repouso. Quero ter uma longevidade saudável com total capacidade para morar na minha casa, fazer as coisas que amo, como continuar viajando pelo mundo, conhecendo lugares e culturas novas, e ainda ter energia suficiente para brincar com meus netos e possíveis bisnetos!

A doença de Alzheimer é a mais frequente entre as demências. Os sintomas costumam aparecer após os 65 anos e quando já está instalada, dificilmente acontece uma regressão. Ao contrário do que muita gente pensa, essa doença pode ser prevenida ou o surgimento retardado, com um estilo de vida adequado, mesmo entre aqueles que possuem o gene que aumenta a suscetibilidade ao Alzheimer. É claro que quem possui o gene tem mais predisposição, mas não é um fator determinante, desde que se tome medidas de prevenção e se estimule a neuroplasticidade. Caso tenha ficado curioso para saber se tem o gene ou não, converse com seu médico, pois os exames genéticos que fazem este tipo de pesquisa estão muito mais populares hoje em dia.

Resumindo: se você quer envelhecer com uma boa qualidade de vida e competência mental, deve trabalhar desde cedo para aumentar as suas conexões neurais, assim como o número de neurônios. Uma pesquisa realizada durante 25 anos acompanhando a população de Okinawa, no Japão, comprovou que eles são as pessoas mais longevas, felizes e saudáveis do planeta. Eles mantêm um estilo de alimentação saudável e não são sedentários, o que mostrou o impacto no desenvolvimento de demências. Já nos Estados Unidos, que no geral adota um estilo de vida sedentário e com alimentação extremamente calórica, baseada em fast foods, o desenvolvimento de demências vem antes e em uma incidência muito maior após os 85 anos.

Veja no gráfico abaixo a diferença da incidência de demência entre as duas populações:

PREVALÊNCIA DE DEMÊNCIA DE ACORDO COM A IDADE

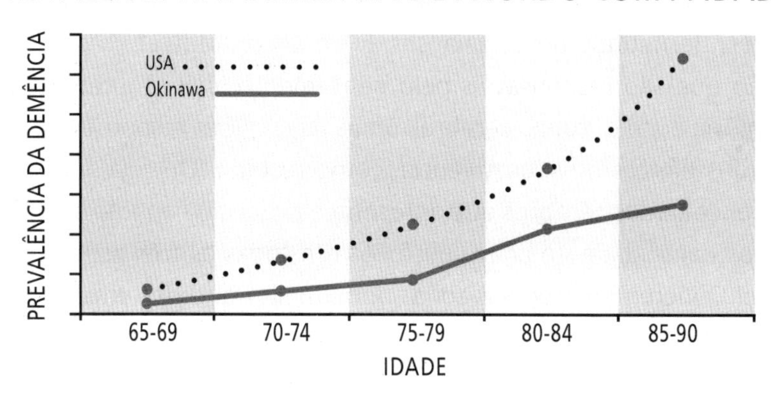

Comparação entre incidência de doenças demenciais em Okinawa (Japão) e nos Estados Unidos

Fonte: The Okinawa Centenarian Study: Evidence based gerontology.

Consequências no cérebro das escolhas alimentares
(estudo de Okinawa - explicação do gráfico)

Várias outras pesquisas científicas realizadas nos últimos anos nos dão os caminhos que devemos seguir para obter sucesso e manter o cérebro ativo por mais tempo. São ações que podem ser determinantes para a prevenção ou retardo do aparecimento das doenças neurodegenerativas e também melhorar sua eficácia cerebral, com incremento de desempenho, aprendizado e memória, já de imediato, poucas semanas após o implemento das medidas!

Está curioso para saber que caminhos são esses? Vou fazer um resumo para você dos principais e dos que temos melhores evidências científicas até o momento:

Aumente seus níveis de BDNF

Do inglês *Brain-Derived Neurotrophic Factor,* é uma substância neurotrófica encontrada no cérebro que estimula a formação de novos neurônios, além de ajudar na manutenção das células já existentes, permitindo novas sinapses. Ela é encontrada em regiões do órgão que são responsáveis pelo pensamento lógico, aprendizado, memória e até o tronco cerebral, umas das regiões responsáveis por funções básicas de sobrevivência, como respirar. Ou seja, voltando ao conceito dos cérebros que apresentei a você no capítulo anterior, temos capacidade de criar neurônios em todas as três zonas cerebrais! O incremento dessas zonas pode melhorar o desempenho do seu funcionamento como um todo, desde dar recursos para sobrevivência, passando pelo aumento da capacidade de aprendizado e chegando ao córtex, que é a região que nos permite ser tão diferente dos outros primatas. O que fazer para aumentar os níveis dessa substância, ainda pouco conhecida entre os brasileiros, no seu cérebro? Evidências científicas apontam para as seguintes ações:

- **Praticar exercícios físicos regularmente**: A prática de atividade física promove um pequeno estresse positivo no cérebro, estimulando a neuroplasticidade, além de melhorar a performance da insulina nas células cerebrais, um dos principais hormônios responsáveis pela gestão da glicose. Estudos comprovam o crescimento de neurônios em regiões que são responsáveis pela memória. Exercícios de maior intensidade, segundo os estudos, promovem um maior estímulo cerebral, por isso, tente colocar uma rotina de atividade física regular no seu dia a dia. A recomendação da Organização Mundial de Saúde (OMS), para se obter benefícios para a saúde, é que são necessários pelo menos 150 minutos de exercícios aeróbicos de intensidade moderada ou 75 minutos de aeróbicos de intensidade vigorosa por semana para a faixa etária de 18 a 64 anos, além de fortalecimento de grandes grupos musculares em dois ou mais dias na semana. Para adultos com 65 anos ou mais são indicados os mesmos tempos, mas levando em consideração atividades de lazer, como dança, jardinagem, caminhada e tarefas domésticas.

- **Reduzir o consumo de carboidratos simples e gorduras de qualidade ruim**: Pesquisas compararam o cérebro de dois grupos de pessoas: aquelas que consumiam mais desses tipos de alimentos no dia a dia e aquelas que consumiam menores quantidades. Os resultados mostraram menor quantidade de neurotróficos e maior morte de neurônios nas regiões do cérebro responsável pela memória no primeiro grupo. É bem possível que o cérebro de quem consome com regularidade e em grande quantidade esses tipos de alimentos tenha o funcionamento prejudicado. Essas pessoas geralmente apresentam sobrepeso – o que causa um processo inflamatório crônico em todo o organismo – e uma condição de resistência à insulina – quando o corpo precisa produzir cada vez mais insulina para manter os níveis de glicose adequados no sangue –, além de sofrerem constantemente hipoglicemias após o consumo de alimentos ricos em açúcares e carboidratos refinados. A queda reacional dos níveis de glicose no sangue pode ocorrer após a ação intensa da insulina para tentar corrigir uma hiperglicemia. Algum dia você já teve essa sensação? De se sentir extremamente sonolento e desconcentrado após comer uma fatia enorme de bolo com chantilly ou um prato de macarronada? Nessa hora, alguns dos seus neurônios foram para o cemitério das células!

Uma das pesquisadoras referência em metabolismo do mundo, Alicia Kowaltowski, que tem centenas de artigos publicados em revistas científicas internacionais, afirma em seu livro *O que é o metabolismo? Como nossos corpos transformam o que comemos em quem somos,* que níveis de glicose baixo no sangue são perigosos, pois em poucos minutos os neurônios podem morrer na falta desse nutriente, já que usam apenas esse substrato como fonte de energia.

Níveis menores e mais estáveis de insulina circulante no dia a dia têm sido relacionadas com níveis melhores de memória. Consumir carboidratos complexos e evitar o consumo de alimentos ultraprocessados, além de manter um peso saudável, são medidas essenciais para manter os níveis adequados desse hormônio e evitar hipoglicemias.

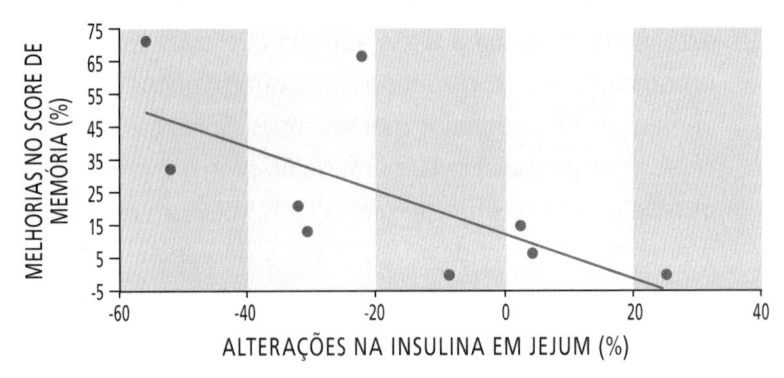

Influência dos níveis de insulina no score de memória

Fonte: A. V. Witte, M. Fobker, R. Gellner, S. Knecht and A. Flöel. Caloric restriction improves memory in elderly humans. PNAS January 27, 2009. 106 (4) 1255-1260.

Efeitos da Insulina sobre a memória
(explicação do gráfico)

- **Reduzir o nível de estresse**: Ao contrário do que muita gente pensa, o estresse não é de todo ruim, pois é uma arma de sobrevivência, utilizada quando passamos por uma situação de perigo, susto ou fome. Nestes momentos os níveis de cortisol no sangue sobem para desviar a energia do seu corpo para os músculos, aumentar os níveis de açúcar no sangue para dar recursos para uma situação de fuga ou luta. Sem esse sistema de resposta hormonal passaríamos por apuros. Essa resposta foi desenvolvida desde os primórdios, por exemplo, para termos energia para fugir de um tigre que se encontrava pelo caminho. Atualmente, os tigres que temos que enfrentar são as brigas com o chefe, trânsito caótico, o carro que quebra ou resolver um problema em um call center... Enfim, coisas que acontecem com quem tem uma vida normal. O problema é que se você é uma pessoa estressada o tempo inteiro e não sabe lidar com essas adversidades diárias, estimula a produção exagerada do cortisol, o que provoca danos cerebrais. Já foi comprovado que pessoas que gerenciam melhor os níveis desse hormônio apresentam níveis melhores de BDNF.

- **Tomar banho de sol**: Uma análise realizada na Holanda, com 2851 pessoas, verificou que os níveis de BDNF aumentaram durante as estações do ano com maior incidência de raios solares no verão e primavera, e diminuíram no outono e inverno. Este estudo ainda relacionou um humor mais depressivo durante as estações com menos luz. O mecanismo de como o sol age no funcionamento cerebral ainda não foi bem definido, mas é fato que a luz nos deixa mais energizados. Existem cidades, especialmente no hemisfério norte, que no verão contam com a luz do sol até às 22 horas. No inverno, as mesmas cidades podem ficar às escuras por volta das 17 horas, ou até mais cedo. Se você já teve a oportunidade de visitar um local como esse, deve ter notado que a movimentação da cidade não é a mesma nas duas situações. Talvez você mesmo sinta-se tentado a voltar logo para a cama quando a luz do sol não se prolongou tanto. Aqui no Brasil temos o horário de verão, que nos proporciona um pouco desse gostinho de aproveitar mais o dia, que parece ficar mais esticado.

- **Consumir menos calorias**: Diminuir a quantidade do que você come em calorias provoca um déficit calórico no cérebro, causando um pequeno estresse positivo que estimula a formação de novos neurônios e melhora a performance cerebral. Mais adiante vou dar uma explicação mais detalhada sobre esse tema.
- **Adicionar alguns nutrientes na rotina diária**: Diversos estudos mostram que alguns nutrientes ou condimentos específicos são capazes de estimular a produção de BDNF, tais como ômega 3 (peixes, linhaça, chia e castanhas), resveratrol (suco de uva integral, vinho tinto), curcumina (açafrão-da-terra), cafeína (café, cacau, chá verde) e niacina (fígado de boi, amendoim, peixes, semente de gergelim).
- **Dieta cetogênica**: Essa dieta estimula o corpo a usar corpos cetônicos como fonte de energia, que é o produto originado da queima do tecido gorduroso, incluindo o cérebro. Esse estímulo pode ser feito através de jejum prolongado ou dietas que reduzem drasticamente os níveis de carboidratos. De fato, estudos mostram que essas dietas são capazes de aumentar os níveis de BDNF, mas não mostram a segurança delas na saúde mental a longo prazo. A maioria dos estudos se restringem somente a poucas semanas, e certamente não é um tipo de dieta que pode ser aplicada a todos. Em qualquer idade o acompanhamento de um profissional qualificado é essencial, pois o principal efeito colateral dessa dieta é provocar acidez no organismo, que em casos mais intensos pode levar ao coma.

Nutrientes-chaves que melhoram a neuroplasticidade

Um outro caminho eficiente para manter seu cérebro ativo e com uma alta performance é melhorar a comunicação entre os neurônios – as sinapses. Seria como aumentar o número de rodovias que levam você de um ponto A até um ponto B. Quanto mais vias você tiver, mais rápido poderá chegar de um ponto ao outro, pois a chance de ficar parado em um congestionamento de estímulos é menor. Essa comunicação pode ser mais eficaz se você tiver o cuidado de manter níveis adequados de certos micronutrientes (magnésio, zinco, vitamina D e vitaminas do complexo B), porque eles aumentam o número de vias para as sinapses e melhoram o revestimento das células neuronais, deixando-as mais saudáveis. Saiba quais são os alimentos que possuem esses micronutrientes.

- **Magnésio**: Abacate, banana, cevada, aveia, gérmen de trigo, amendoim e sementes de abóbora e de girassol;
- **Zinco**: Ostra, lagosta, carnes vermelhas, feijão, amendoim e chocolate amargo.
- **Vitamina D**: Óleo de fígado de bacalhau, salmão, ostra, arenque, ovos, fígado de galinha, gérmen de trigo, salsinha e outros alimentos enriquecidos com essa vitamina, como leites, por exemplo. Além disso, pegar alguns minutos de sol por dia é fundamental para transformar a vitamina D inativa em ativa, uma reação que acontece na pele por meio do contato com os raios solares.
- **Vitamina B1 (Tiamina)**: Levedura de cerveja, gérmen de trigo, sementes de girassol, castanha-do-Brasil, castanha-de-caju, amendoim e carne de porco.
- **Vitamina B2 (Riboflavina)**: Fígado de boi, leite, queijo minas, iogurte, levedo de cerveja, aveia, amêndoa e ovos.

- **Vitamina B3 (Niacina)*:*** Fígado de boi, amendoim, frango, atum, semente de gergelim e salmão.
- **Vitamina B6 (Piridoxina)**: Fígado de boi, banana, salmão, frango, batata, ameixa, avelã e camarão.
- **Vitamina B7 (Biotina)**: Fígado de boi, ovos, amendoim, avelã, amêndoa e aveia.
- **Vitamina B9 (Ácido Fólico)**: Fígado de galinha, fígado de peru, fígado de boi, levedo de cerveja, lentilha, quiabo, feijão preto e espinafre.
- **Vitamina B12**: Fígado de boi, fígado de galinha, marisco, ostra, coração, arenque, caranguejo, salmão, truta e levedo de cerveja.

Gorduras? Sim!

Este é um tema muito polêmico, pois desde a infância ouvimos que gordura em excesso faz mal. Mas cada vez mais estudos têm descartado esta teoria, ressaltando a informação de que devemos evitar apenas as gorduras de qualidade ruim, como as hidrogenadas e trans. Elas são industrializadas e adicionadas artificialmente nos produtos alimentícios, como sorvetes de massa, biscoitos recheados e bolinhos de pacote, e servem para dar textura e deixar mais palatável para a maioria das pessoas. Essas sim devem ser evitadas a todo custo!

As gorduras de qualidade excelente, indiscutivelmente, são as gorduras monoinsaturadas e as polinsaturadas encontradas no azeite de oliva, abacate e oleaginosas (castanhas e nozes), além dos peixes ricos em ômega 3.

A grande polêmica está nas gorduras saturadas, que também foram condenadas por muito tempo, juntamente com as trans. Mesmo com os estudos de hoje, que vêm mostrando uma tranquilidade maior no consumo desse tipo gordura, não é possível sair comemorando, principalmente levando em conta os que estimulam a guerra carboidratos X gorduras. Vou explicar um pouco sobre o maior e mais recente estudo a respeito desse assunto, que foi publicado em meados de 2017, chamado de PURE. Foi realizado com mais de 130 mil pessoas em 18 países. Mesmo com tantos números e porcentagens, leia com atenção, pois é uma informação importante que você conheça. Se a leitura começar a ficar entediante, levante um pouco, respire, tome uma água ou coma uma fruta e volte para cá.

O trabalho dividiu os estudados em 4 grupos, de acordo com a proporção de consumo dos macronutrientes, e fez comparações entre eles. O grupo de alto consumo de carboidratos tinha 77,2% da alimentação proveniente desse macronutriente e o de baixo, 46,4%. Comparando os extremos (alto X baixo) o "alto carboidrato" teve maior mortalidade por causas totais e maior mortalidade por causas não cardiovasculares, nenhum efeito significativo sobre a incidência de doenças cardiovasculares (infarto e AVC) e nem sobre a mortalidade por essas doenças!

Crítica de bom senso: 77,2% é bem mais carboidrato do que as recomendações clássicas de alimentação sugerem (50 a 60%) e 46,4% não é tão pouco carboidrato como as 20 a 50 gramas por dia (entre 4 e 20%) que os defensores de dietas *low carb* pregam. E o interessante nesse estudo é que o grupo que consumiu 54,6% de carboidratos no total de sua dieta, dentro das recomendações habituais de consumo, teve uma mortalidade um pouco menor ou semelhante ao do grupo de 46,4% (2,3 contra 2,5%, respectivamente), ou seja, na prática, sem diferença!

Já no consumo de gordura, o grupo maior foi 35,3% e o menor 10,6%. Por razões óbvias, quem consome quase 80% de carboidratos não tem muito espaço para comer outra coisa! No grupo "alta gordura" teve mortalidade geral menor que o de baixo consumo e não teve diferença no infarto e mortes por doenças cardiovasculares.

Crítica de bom senso: 35,3% é apenas um pouco maior que a recomendação atual, que é entre 25 a 35% e esse grupo teve resultados semelhantes ao grupo que consumia 29,1% (o que é dentro do recomendado). Ou seja, por esse estudo você até pode aumentar um pouco o consumo de gordura, mas não fica todo alegrinho festejando o "bacon é vida, picanha sem limites" que não é bem assim!!!

Os próprios autores orientam que esse estudo não dá base e nem suporta a ideia de dieta de muito baixo consumo de carboidratos e sugerem que a proporção ideal desse macronutriente seria entre 50 e 55%. Além disso, nessa avaliação não foram separados os carboidratos simples dos complexos, colocaram tudo na mesma conta. Então, não dá para culpar todos os carboidratos. Precisamos de todos os nutrientes! Cada um tem seu papel no nosso organismo. Cuidado com as modinhas e não saia fazendo nada sem a orientação de um profissional sensato.

E onde entra a parte da gordura e o cérebro X produtividade? Bem, esse órgão é composto em sua boa parte por gorduras e fica banhado nelas. As gorduras também fazem parte da composição da membrana celular e de uma parte que chamamos de bainha mielínica, que comunica um neurônio ao outro permitindo as sinapses, melhorando sua velocidade de resposta, aprendizado, foco e memória. Elas também são fundamentais para a produção de uma série de hormônios que fazem o metabolismo trabalhar com eficiência! Portanto, gordura de boa qualidade tem que fazer parte da sua dieta sim e não precisa ter medo de consumir as gorduras que venham de uma origem natural como de frutas (abacate, coco) e muito menos aquelas que vem de origem animal. Como tudo na vida, o que vale é a moderação e o bom senso!

Basicamente, nesse capítulo você aprendeu que há três meios de estimular a neuroplasticidade:

1- **Aumentar o número de neurônios**: Estimulando a produção de BDNF.

2- **Melhorar a comunicação entre eles, aumentando a per-**

formance das sinapses cerebrais: Consumindo alimentos que estimulam as possibilidades de caminhos alternativos.

3- **Evitar a morte de neurônios:** Evitando estresse prolongado e consumo de alimentos ricos em carboidratos refinados, açúcares e gordura de qualidade ruim.

capítulo 5

Segredos para uma alimentação produtiva

"Nosso cérebro é o melhor brinquedo já criado: nele se encontram todos os segredos, inclusive o da felicidade."

Charles Chaplin

Não pule refeições

Você não deve pular refeições, em especial o café da manhã! Lembre-se que mesmo durante o sono, vários órgãos essenciais continuam trabalhando e consumindo energia do corpo. Quando você se levanta de manhã é preciso repor essa energia, senão o organismo não funciona bem. O maior prejudicado é o cérebro, que vai tentar preservar parte dessa energia, deixando você com raciocínio mais lento e dificuldade de cognição, além de perpetuar os níveis elevados de cortisol. O cortisol só cessa seu estímulo pela manhã quando há uma oferta externa de energia, através da alimentação. Um dado importante: o café da manhã precisa ter uma fonte de carboidrato, pois esse é o fornecedor mais rápido de glicose, o nutriente que precisa ser especificamente ofertado para o cortisol se inibir e parar de quebrar as reservas.

Revisando aquele gráfico que vimos no capítulo anterior sobre a secreção fisiológica desse hormônio, é necessário lembrar que ele é mais alto pela manhã e precisa diminuir ao longo do dia para que os outros hormônios que regulam o sono possam agir adequadamente. Quando você não come pela manhã ou deixa de ingerir carboidratos, continua estimulando a produção deste hormônio por mais tempo.

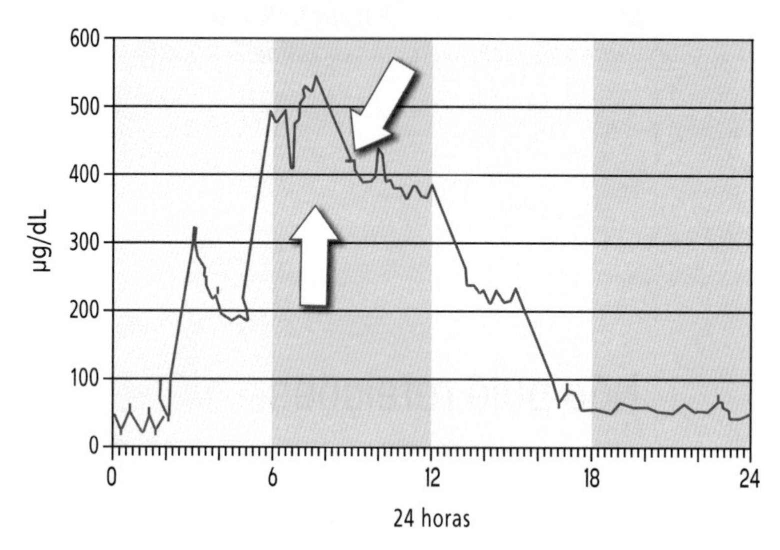

Ter corpo e cérebro alimentados regularmente é mandatório para seu bom desempenho. Mas, é bem verdade que uma parte das pessoas não se adapta bem a esse sistema de comer regularmente. Um exemplo é o jejum intermitente, amplamente divulgado atualmente – mais para frente vou falar sobre essa estratégia alimentar e como ela afeta a produtividade. O importante agora é que você tenha em mente que precisa respeitar seu corpo e sua fome. Se você é bem adaptado a pular o café da manhã e não está se sentindo improdutivo, não precisa mexer com isso, mas se está, experimente essa mudança por alguns dias e veja o que acontece.

E para colocar um pouquinho de lenha na fogueira dos defensores do jejum como estratégia alimentar dos nossos antepassados, a verdade é que tudo ao nosso redor mudou: andamos menos, nos movimentamos menos, pegamos menos sol, comemos menos fibras, usamos celular, internet, nos comunicamos a maior parte do tempo usando apenas os dedos. É só o jejum que os defensores querem que fique igual aos tempos da caverna?

Bom, dito isso, vamos para dados de literatura séria: uma revisão científica – tipo de estudo que avalia várias publicações sobre o mesmo tema ao mesmo tempo – publicado no início de 2017 pela *American Heart Association* mostrou que quem costuma pular o café da manhã tem tendência a consumir mais calorias ao longo do dia, principalmente no fim do dia, em comparação àqueles que fazem essa refeição regularmente. Ou seja: pular o café da manhã pode fazer você comer mais do que deve e acumular gordura.

Outro estudo realizado com mais de 4000 participantes, publicado por um conjunto de estudiosos dos Estados Unidos e Espanha no *Journal of the American College of Cardiology*, no fim de 2017, mostrou que quem não consome essa refeição ou consome poucas calorias nessa hora do dia (só belisca alguma coisinha) tem a saúde dos vasos sanguíneos prejudicada, com uma doença que chamamos de aterosclerose generalizada. São vários vasos do corpo com acúmulo de gordura, aumentando o risco de sofrer entupimento, inclusive os do cérebro. E se você tiver um acidente vascular cerebral, muitos neurônios seus vão morrer e boa parte da sua inteligência vai embora com eles!

A tabela a seguir mostra incapacidades mais frequentementes detectadas pelo estudo do *National Heart, Lung and Blood Institute*, nos Estados Unidos, após seis meses em grupo de pessoas que tiveram AVC.

Sequelas mais frequentes de AVC
50% apresentavam alguma dificuldade motora
35% tinham sintomas depressivos
30% não conseguiam andar sem auxílio
26% eram dependentes para atividades diárias
19% apresentavam dificuldade na fala

Muitas pessoas costumam rejeitar o jantar por dois motivos: ou com o intuito de emagrecer ou porque sentem refluxo ao deitar. Não é uma atitude adequada, já que pode deixar você com uma "fome oculta", aquela que seu cérebro não avisa declaradamente, fazendo seu corpo ter hipoglicemia noturna com pico de cortisol durante a madrugada, superficialização do sono e mais propensão a ataques à geladeira. O consumo de uma pequena quantidade de carboidratos de boa qualidade na refeição noturna ajuda a melhorar a qualidade do sono. Já na situação do refluxo, o interessante é avaliar qual tipo de alimento está sendo consumido. Os culpados podem ser alimentos de difícil digestão, como carnes vermelhas, leites, derivados e condimentos pesados, como pimenta. A sugestão é consumir refeições mais leves com carnes brancas e vegetais cozidos.

Cuidado com a propaganda de "superalimentos"

Tudo que a gente sonha é um jeito fácil, simples e prático de conseguir mais saúde, disposição, vitalidade e os tais superpoderes de uma vez só, comendo um único alimento mágico, sem precisar abrir mão daquelas guloseimas que amamos, não é mesmo? Então, pessoas ligadas nesses nossos desejos irracionais se aproveitam disso e lançam no mercado propagandas de alimentos ou hábitos que seriam capazes de realizar esse sonho. Nesse momento está na moda o *bullet proof coffee* (café à prova de balas, em tradução literal), água morna com limão em jejum ou qualquer outro suco "detox". Não estou dizendo que esses alimentos não sejam saudáveis ou que não tenham quaisquer benefícios; porque de fato têm, mas não existe uma única atitude ou um único alimento que seja capaz de produzir todos esses efeitos positivos descritos acima! Vida saudável, equilibrada e produtiva é construída com um conjunto de ações, de cuidados com o corpo e mente, sendo indispensável uma rotina de alimentação adequada e prática regular de atividades físicas.

Imagine o seguinte: você tem um carro e nesse momento ele está com os quatro pneus desgastados e se continuar circulando com seu veículo desse modo estará colocando em risco sua vida (sem citar a dos outros). Quanto mais você empurrar para frente essa mudança, maior o risco vai ficando. Então, você resolve levá-lo na oficina. Chegando lá o vendedor lhe oferece um superpneu legal que tem uma borracha importada, sulcos que estabilizam o carro na estrada com chuva, na terra, no asfalto queimando, ou seja, em todas as condições climáticas! Tem rápida resposta ao acionamento dos freios e é o melhor do mercado, sem sombra de dúvidas!

Mas, por algum motivo, seja financeiro, seja por tempo (vai demorar muito trocar os quatro no mesmo dia e você está sem tempo pelas próximas semanas) ou por que você acha que o jogo inteiro desse maravilhoso pneu já é demais, desnecessário, então resolve trocar apenas um e deixa os outros velhos. O que você acha? Seu carro agora está seguro? Não! Apesar de ter um excelente produto, ele sozinho não consegue cuidar da segurança do veículo por inteiro!

Agora transporte esse pensamento para sua saúde: não adianta apenas um "superalimento"! Não estou dizendo que você tenha que fazer todas as mudanças de uma vez, mas é necessário começar com um conjunto consistente, um passo de cada vez, mas sempre continuar caminhando e não se deixar iludir pelos "poderes" de um suco mágico, um café megapotente e por aí vai. Não deixe seu **cérebro meio de campo** agir nesse momento, não se deixe levar pelas emoções e desejos, empurre esse estímulo para o cérebro produtivo, avalie com clareza, faça um planejamento lógico e ponha suas ações de mudança de hábitos em prática!

Não exclua os carboidratos da sua dieta

Eu sei que você já deve ter ouvido ou lido em algum lugar que os carboidratos são vilões e que na verdade eles seriam os responsáveis por tudo de ruim que pode estar acontecendo em nossas vidas, desde doenças graves como o diabetes, câncer e infarto até o desenvolvimento daquelas gordurinhas localizadas que tanto desejamos eliminar. Posso lhe dizer que isso é uma verdade parcial, depende muito mais da qualidade do carboidrato do que esse tipo de macronutriente em si. Por isso, vamos lembrar a classificação dos carboidratos?

1- **Complexos**: Têm uma estrutura química mais difícil de ser digerida pelo metabolismo, levando mais tempo para serem transformados em energia. Equilibram melhor os níveis de glicemia (açúcar no sangue) e, normalmente, têm o que chamamos de baixo Índice Glicêmico (IG), que seria a capacidade que o alimento tem de elevar rapidamente os níveis de glicemia. Podemos dizer que a qualidade do alimento, no caso do metabolismo, é inversamente proporcional ao IG. Os carboidratos complexos, que são os alimentos melhores para o metabolismo, têm índice menor.

2- **Simples**: Têm uma estrutura química mais fácil e rápida de ser metabolizada, gerando assim picos de glicemia mais intensos, com consequências danosas para o corpo e mente. Estes têm maior IG.

Os carboidratos que devem ser evitados ou terem o consumo limitado são esses do segundo grupo. Você não deve excluir todo e qualquer carboidrato da sua vida, eles são o combustível de uma boa parte do cérebro, além de serem fundamentais na produção de substâncias que agem no ambiente cerebral equilibrando o humor. E como já vimos, a rotina de consumir carboidratos vindo de raízes pelos nossos antepassados foi determinante para que conseguíssemos aumentar o tamanho do cérebro, ampliar as sinapses e dar uma baita incrementada na nossa inteligência. Então, escolha carboidratos de qualidade como os presentes em grãos, farinhas integrais e frutas com baixo Índice Glicêmico, e evite os refinados, farinha branca e açúcares. A seguir, teremos uma sessão dedicada aos picos glicêmicos e porque o controle dessa condição é tão importante para o funcionamento mental.

Exemplos de fontes de carboidratos			
Frutas			
Morango	Maçã	Uva	Pera
Goiaba	Melancia	Melão	Jabuticaba
Romã	Ameixa	Amora	Limão
Laranja	Pêssego	Lichia	Manga
Mamão	Banana	Mirtilo	Cereja
Graviola	Coco	Abacaxi	Kiwi
Carambola	Caqui	Açaí	Acerola
Maracuja	Jaca	Pitaia	Jenipapo
Cambucá	Fruta-do-conde	Cajá	Jambo
Nectarina	Tangerina	Cupuaçu	Pitanga
Raízes • Tubérculos • Cereais			
Batata inglesa	Batata doce	Batata baroa	Mandioca
Mandioquinha	Inhame	Batata yacon	Cenoura
Nabo	Beterraba	Cará	Arroz
Trigo	Milho	Amaranto	Centeio
Aveia	Sêmola	Canjica	Quinoa
Verduras • Hortaliças			
Abóbora	Abobrinha	Acelga	Agrião
Aipo	Alfavaca	Brócolis	Broto de feijão
Espinafre	Jiló	Pepino	Quiabo
Rabanete	Ruibardo	Rúcula	Serralha
Salsa	Almeirão	Alfafa	Chicória
Vagem	Berinjela	Repolho	Couve-flor
Pepino	Aspargos	Couve	Broto de lentilha

Fique de olho na balança

As taxas de sobrepeso e obesidade estão cada vez mais elevadas entre a população mundial, segundo os dados da Organização Mundial de Saúde. E é de amplo conhecimento que, juntamente com o excesso de peso venham também outras doenças associadas, como infarto, AVC (conhecido popularmente como derrame) e câncer, que afetam diretamente a capacidade física e mental de ser produtivo. Além disso, o sobrepeso é uma das principais causas do aparecimento de uma condição chamada resistência à insulina. Essa situação faz o metabolismo cerebral trabalhar de forma inadequada, podendo gerar distúrbios de concentração, memória e aprendizado. Se você se encontra acima do peso, é importante que tenha ciência que isso pode sim estar afetando sua produtividade. Mesmo que exames de rotina não estejam alterados, nosso corpo não foi feito para trabalhar com sobrecarga durante muito tempo, é fato que ele vai desviar energia de algum lugar ou tentar poupar energia para que não entre em colapso!

Na especialidade que escolhi para seguir na minha vida como médica, a Nutrologia, diariamente convivo com o desespero de pessoas que me procuram para conseguir conquistar um estilo de vida mais saudável e perder peso, seja para prevenir doenças ou para ajudar a controlá-las após já estarem instaladas. Infelizmente, esse último caso costuma ser mais frequente.

Nos meus anos de experiência nessa área sempre me chamou atenção o quanto é difícil para as pessoas iniciarem hábitos saudáveis e como é muito pior os manterem. Com isso, é extremamente comum que elas entrem em um ciclo deletério de perda e posterior reganho de peso, o famoso "efeito sanfona".

Essa era a minha percepção ao longo dos anos, mas como uma profissional que vive de ciência baseada em estudos e pesquisas, eu precisava observar isso de maneira formal. Então, desenvolvi uma pesquisa buscando indivíduos que tinham por desejo perder peso e que por algum motivo achavam que não obtinham sucesso, para entender melhor as motivações e, de certa forma, como funciona a cabeça dessas pessoas. O resultado não me surpreendeu, foi mais ou menos o que eu esperava. Mas claro que foi muito interessante comprovar cientificamente e com testes estáticos (aqueles que descartam que sua pesquisa gerou um resultado que pode ser considerado aleatório e ao acaso) que aquilo que eu sempre percebi no consultório era realmente verdadeiro! E esse resultado é tão importante para mim quanto para os outros profissionais de saúde. Tanto que resolvi compartilhá-lo. Ele foi aceito e creditado com qualidade suficiente para ser publicado no *Internacional Journal of Nutrology*, em 2016, e ainda foi escolhido como um dos melhores trabalhos apresentados no Congresso Brasileiro de Nutrologia daquele ano.

E o que foi que eu descobri com esse estudo? Que as pessoas desejam perder peso porque buscam prevenir doenças, ter mais saúde e por motivos estéticos. Descobri também que elas não conseguem ter sucesso em seus objetivos porque assumem não terem a disciplina adequada para aderir a hábitos que os levem a perda de peso, e ainda há aqueles que disseram não dispor de tempo e disposição física para isso.

Um dado muito interessante que essa pesquisa apresentou foi que 83,5% dos entrevistados não souberam informar o quanto precisariam perder de peso para chegar a uma faixa considerada de normalidade para o seu caso. Ou seja, uma boa parte de nós não conhece o próprio corpo adequadamente e nem sabe direito o quanto precisa mudar, quando se trata de excesso de peso corporal.

E para finalizar, entre os resultados importantes que foram aferidos nesse estudo, ficou demonstrado que quanto mais vezes você faz dieta, maiores são as chances de você apresentar obesidade! Acredito que nesse momento você deve estar pensando: "Já que fazer dieta não funciona, então a solução seria desencanar, deixar de lado e viver intensamente comendo de tudo, não seguindo regras, certo?". Sinto muito, mas essa resposta é um sonoro NÃO! O segredo não está em fazer dieta ou regime, mas sim em manter um estilo de vida com hábitos saudáveis, como regular as horas de sono, equilibrar as refeições, manter atividades físicas, entre outros. Porém, defendo muito o "Não a radicalismos!", a comida é muito mais do que apenas uma necessidade biológica de prover nutrientes, é também uma necessidade social e cultural.

Temos por rotina fazer nossas comemorações sempre ao redor de comida! Festas de fim de ano, aniversários, casamentos e tantas outras, sempre têm comida envolvida, já parou para pensar? Então, comer jamais pode ser uma questão de sofrimento! Você pode e deve respeitar seus gostos pessoais, mas tendo opções mais saudáveis e com equilíbrio dentro do seu paladar. Quando você faz as escolhas certas, há espaço para até um chocolatinho, um brigadeiro ou qualquer outra coisa que tenha o poder de alimentar a sua alma!

E aproveitando a deixa do emagrecimento e todo esse papo de equilíbrio, alimentação saudável e praticar atividade física, que você já deve ter lido e ouvido dezenas de vezes, vamos para o outro extremo, o da solução fácil, rápida e sem dor, que vai direto ao seu (e de todos os seres humanos normais) sistema límbico da emoção, o cérebro meio de campo: os **Remédios Emagrecedores**! Esses comprimidos mágicos pulam em sua tela, nas redes sociais e sites, cercados por uma série de depoimentos de sucesso e fotos de antes e depois, prometendo perda de peso de duas casas decimais em poucos dias! Nossa, confesso, é tentador! Esse negócio de marketing envolve a gente, muitas vezes eu mesma me vejo tentada a clicar naquele botãozinho piscante, ainda mais quando oferecem uma superpromoção com tempo limitado! Meu cérebro reativo, junto com o emocional, me faz pensar que se não aproveitar a oportunidade poderei perder algo incrível! E olha que nem preciso mais emagrecer, mas esse negócio é tão envolvente que faz você comprar, ou quase, uma coisa que nem precisa! O fato é que praticamente ninguém fica feliz com essa sensação de que está deixando de aproveitar uma chance única! Mas vamos jogar (como eu sempre faço – ufa!!!) o pensamento para o cérebro produtivo, aquela parte amiga que faz a gente pensar logicamente: Será que **é seguro comprar remédios para emagrecer pela internet**?

Na minha rotina de consultório é enorme a procura por métodos de emagrecimento. E, no geral, muitos dos que querem emagrecer desejam que seja rápido e fácil (filão perfeito para os emagrecedores de internet). Então, sempre vem a perguntinha pelo remedinho.

Há alguns anos o Governo proibiu a venda de uma boa parte dos medicamentos usados no tratamento da obesidade, com o intuito de proteger a população dos possíveis e desastrosos efeitos colaterais. Com isso o arsenal para prescrição médica ficou muito restrito e com indicações precisas. Discussões à parte, se a medida do Governo de cercear o uso desses produtos foi correta ou não, o fato é que uma boa parte dessas substâncias nesse momento estão proibidas no Brasil. Uma ou outra voltou a ser liberada desde então, mas ainda existe muita burocracia e limitações, para que sejam prescritas com ética, obviamente!

Mas, infelizmente, vejo com frequência esses medicamentos (os proibidos) sendo comercializados em sites pela internet. Pense comigo: se o Governo proibiu a venda e manipulação dessas substâncias, e nem profissionais capacitados, com anos de estudos podem prescrevê-las, qual é a segurança de se comprar um medicamento desses pela internet? Isso mesmo: nenhuma! Ou, ainda que essa venda seja feita em farmácias de manipulação, essa comercialização é clandestina, sem nenhum processo de fiscalização de qualidade. Portanto, ninguém pode garantir que o que você está comprando é mesmo a substância que lhe dizem que é.

Além dessas classes de medicamentos, frequentemente sou abordada por amigos, conhecidos e pacientes sobre outros remédios importados, vendidos também pela internet, que prometem emagrecimento rápido e seguro.

Todos os medicamentos no Brasil são regulados pela Anvisa, a instituição que fiscaliza, solicita testes e garante a qualidade e segurança dos medicamentos vendidos no país. Muitos desses produtos importados não passam por essa regulação, sendo praticamente impossível garantir que a formulação do produto tenha realmente as sustâncias listadas e as quantidades descritas.

Então, para a segurança da sua saúde e pelo seu bem-estar, se você precisa emagrecer, jamais compre medicamentos pela internet. Procure um profissional habilitado para ajudar e orientar quanto aos métodos seguros e corretos para o emagrecimento.

E lhe garanto uma coisa, não existe mágica para o emagrecimento, e sim disciplina e determinação. Siga esse caminho, tenho certeza que não irá se arrepender! Mas... sem neuras!!!

Cuidado com os horários que você marca reunião no trabalho

É muito comum que reuniões executivas sejam marcadas próximas ao horário do almoço ou que se estendam, ocupando os momentos que deveriam ser dedicados à essa refeição. Como já foi explicado anteriormente, o cérebro alimentado é fundamental para um funcionamento adequado. Se você tem por hábito essa rotina, mude, pois você está jogando preciosos minutos do seu dia (e de sua equipe) fora. Pensar com um cérebro sem energia é o mesmo que tentar fazer um carro sem gasolina andar! Todo mundo tem um horário em que é mais produtivo, tente descobrir qual é o seu e, pelo menos, o da média das pessoas de sua equipe, e tente concentrar as reuniões decisivas nesse período.

Também fique atento se você tem uma reunião importante ou precisa finalizar algum projeto fundamental após o horário de almoço. Nesse caso, não faça refeições pesadas e muito calóricas (exemplo: feijoada, lasanha, churrasco), que requerem um desvio do fluxo sanguíneo para o aparelho digestivo para fazer a digestão, e deixam você com sonolência e pensamento letárgico.

E mais uma dica extra: em empresas é muito frequente ter o cantinho do café, onde se encontram máquinas ou garrafas térmicas com opções de bebidas açucaradas e, para completar, um biscoitinho amanteigado, água e sal ou pior: um bolinho de supermercado cheio de açúcar e gordura de péssima qualidade! Saiba que esse lanchinho no meio da manhã ou meio da tarde pode estar acabando com sua produtividade! O consumo de açúcares e carboidratos refinados, isolados, nos intervalos de refeições maiores, ainda mais associados a gorduras ruins (caso do bolinho), destroem a capacidade mental. Então, dê preferência para lanches como castanhas, frutas ou iogurtes, que têm uma composição nutricional que favorecem a manutenção de níveis adequados de energia durante o dia.

Evite dietas restritivas

Se você está no grupo daqueles que buscam a perda de peso, fuja de dietas que impõem restrições muito rígidas, sejam elas em quantidade de calorias ou em categorias de alimentos, como aquelas que excluem praticamente todos os carboidratos, por exemplo. Esses tipos de dietas que oferecem resultados acelerados geralmente acarretam algum tipo de deficiência nutricional, mesmo que transitória, podendo levar a quadros como anemia e até comprometimento da imunidade. Principalmente em períodos da sua vida que exijam tomadas de decisões importantes, lembre sobre o piloto automático: em toda mudança de hábito, incluindo alimentação, é necessário um intenso esforço de pensamento e foco, até que aquela nova rotina passe para o modo automático do cérebro, desviando muita energia mental, mesmo!

Habitue-se a uma rotina alimentar de pratos coloridos

Quanto mais alimentos coloridos você colocar no prato na hora das principais refeições, maior a variedade de vitaminas e minerais ingeridas ao longo do dia. Conseguimos absorver naturalmente a maior parte da necessidade diária desses micronutrientes com uma alimentação bem equilibrada.

Nutrientes pelas cores			
Cor	**Nutrientes**	**Benefícios**	**Exemplos**
Vermelho	Licopeno, vitamina C e flavanoides	Atuam contra o estresse, proteção do sistema cardiovascular, melhoram a memória, protegem contra o câncer, além de melhorar a imunidade	Melancia, tomate, pimentão vermelho, caqui, goiaba vermelha, pitanga, morango, cereja, framboesa
Roxo	Vitaminas do complexo B, minerais, potássio, antocianina e flavanoides	Combatem o envelhecimento celular, melhoram a memória e promovem proteção cardiovascular	Ameixa, uvas roxas, mirtilo, figo, açaí, beterraba, berinjela, amora
Verde	Clorofila, vitamina E, folato, niacina, cálcio, ferro, betacaroteno, vitamina C, fósforo, luteína e fibras	Energético celular, melhoram a memória, possuem antioxidantes, reforçam a saúde dos ossos	Brócolis, kiwi, aspargos, alface, rúcula, agrião, abacate, salsa, coentro, quiabo, repolho, couve, pimentão verde
Laranja	Betacaroteno, vitamina A, flavanoides e vitamina C	Propriedades anti-inflamatórias e antioxidantes, reforçam o sistema imunológico, retardam o envelhecimento celular	Cenoura, acerola, abóbora, tangerina, laranja, mamão
Branco	Vitaminas do complexo B e antoxantina	Permitem o bom funcionamento do sistema nervoso, ricos em antioxidantes	Cebola, cogumelos, aipim, pera, alho, aipo, graviola
Marrom	Gorduras de boa qualidade, vitaminas do complexo B e fibras	Melhoram o funcionamento intestinal, retardam o envelhecimento precoce e dão energia	Nozes, aveia, trigo, castanhas
Amarelo	Luteína, vitamina A e betacaroteno	Propriedades anti-inflamatórias e antioxidantes, reforçam o sistema imunológico retardam o envelhecimento celular	Abacaxi, carambola, damasco, milho, pimentão amarelo, melão

Mantenha-se hidratado!

Um hábito indispensável é o de beber água regularmente, mais da metade do nosso organismo é composto por ela, que está fortemente ligada ao nosso metabolismo. E, por incrível que pareça, isso é uma rotina menosprezada, ou pouco observada por uma boa parte das pessoas. De cada 10 pessoas que atendo no consultório e pergunto sobre o consumo adequado de água, apenas duas confirmam essa prática. A maioria assume que esquece de beber líquidos durante o dia, que fica tão absorto em suas rotinas que, se não der sede, nem lembram que água existe! E mesmo entre aqueles que não deixam a hidratação de lado, quando vamos fazer os cálculos de quanto deveriam beber de líquidos, o volume está aquém do que deveria. Devemos consumir diariamente de 30 a 40 ml por quilograma de peso corporal para manter o organismo em um nível adequado de hidratação. Obviamente, esse cálculo é para pessoas saudáveis, que não têm limitação de consumo, como indivíduos que sofrem de doenças cardíacas ou renais.

Estudos mostram que pouca hidratação durante o dia nos deixa mais lentificados. Você pode até passar muitos dias sem comer sólidos, mas alguns poucos dias sem líquidos levam a quadros gravíssimos de desidratação, podendo causar o colapso total do organismo. A desidratação acarreta inúmeros problemas: o transporte de nutrientes e minerais fica prejudicado e os rins, em uma tentativa de "economizar" água, diminuem a velocidade de filtração, deixando acumular mais substâncias tóxicas para o corpo, que seriam naturalmente eliminadas pela urina.

Mesmo que você não perceba, ou não se atente, uma desidratação leve pode ser a causadora de dificuldades de concentração, irritabilidade, dores de cabeça, sonolência, intestino constipado, tonturas e até mesmo humor depressivo! Veja só, como a ingestão de líquidos é preciosa para incrementar a energia e a produtividade no dia a dia! Faça seus cálculos, multiplique seu peso por 30 e por 40 e veja se está consumindo a quantidade de líquido indicada para você. Tem muita gente que tem mesmo dificuldade de beber água pura, pois não se adapta à falta de "saborização" e acaba não bebendo. Se você tem essa dificuldade, coloque pedaços de frutas como limão, laranja, carambola, abacaxi ou folhas como as de hortelã e capim cidreira, que dão um aroma agradável à água, e veja se isso lhe incentiva a beber mais. Chás e sucos também contam na quantidade de líquidos, mas não exagere nos sucos. Mesmo que você não adicione açúcar, eles já têm uma concentração maior desse componente natural da fruta, a frutose, e isso pode interferir no seu metabolismo. E quanto aos chás, fique atendo para os que são ricos em cafeína, para não consumir em quantidades elevadas e em horas mais avançadas do dia, atrapalhando assim o sono.

capítulo 6

Mantenha seu humor equilibrado

"Aprendi através da experiência amarga a suprema lição: controlar minha ira e torná-la como o calor que é convertido em energia. Nossa ira controlada pode ser convertida numa força capaz de mover o mundo."

Mahatma Gandhi

Não deixe o cérebro reativo dominar

Quando eu estava fazendo cursinho pré-vestibular e morava dividindo um apartamento com uma médica residente e duas acadêmicas de medicina, fui apresentada a um termo chamado "piti". Mais tarde, quando entrei na faculdade, pude presenciar com os meus próprios olhos o que isso significava: usávamos para denominar aqueles pacientes que iam ao hospital para serem atendidos, mas na verdade não estavam realmente doentes. Eles fingiam doenças, por algum motivo, muitas vezes desconhecidos por nós (acadêmicos de medicina e médicos socorristas), e outros claramente conhecidos: queriam chamar a atenção por uma briga familiar, com o companheiro ou companheira, ou no ambiente de trabalho.

Mas, ao longo dos anos esse termo foi se expandido na minha vida, para todo "ataque de nervos" que alguém dava, em qualquer lugar e em qualquer situação. Resumindo: dar piti é igual a "rodar a baiana", "dar fricote", "dar chilique", "ataque de pelanca" ou "ter um siricutico". É quando você sai da linha e deixa de ser uma pessoa elegante. E eu garanto: isso é ruim, você não se sente bem, pois o seu cérebro fica mandando comandos negativos para todo o organismo durante e após esse processo, deixando você com mal-estar mental e mais suscetível a doenças infecciosas. Além de afastar as pessoas de você, porque ninguém quer ficar do lado de um "pitizento".

Quando você dá piti, a imagem que está enviando de si mesmo para o mundo ao seu redor é de que você é uma pessoa desequilibrada emocionalmente e que não sabe agir em situações de estresse. Você deixa seu cérebro reativo dominar totalmente o comando da sua vida! Pessoas assim perdem a oportunidade de ter um bom emprego, bons amigos e até mesmo ter um relacionamento amoroso estável. Nós fomos privilegiados pela evolução, ganhando novas camadas no cérebro, com capacidades mais sofisticadas de tomada de decisões e pensamento lógico. Por favor, não vá jogar anos de desenvolvimento cerebral no lixo agindo apenas com a região de réptil do seu cérebro!

Uma das melhores definições sobre o que significa mau humor, eu li em um livro da Suzana Herculano-Houzel, uma grande neurocientista brasileira, no qual ela fala que "esse é um estado de predisposição a reagirmos com agressividade, ironia, impaciência e raiva a comentários e situações que normalmente não nos tirariam do sério". E aí eu acrescento: imagine, então, nas situações irritantes, como você agiria se já estivesse de mau humor?

Se seu humor não está equilibrado, as chances de você não conseguir focar em uma tarefa importante são enormes. O mau humor nos deixa irritados, suscetíveis a erros e muito mais procrastinadores. Se você está de bem com a vida e de bom humor, as demandas da rotina serão cumpridas com maior facilidade.

O corpo saudável e bem alimentado é fundamental para uma mente equilibrada. Estudos mostram que quando você fraciona a alimentação em aproximadamente cinco ou seis refeições diárias (café da manhã, lanche da manhã, almoço, lanche da tarde, jantar e ceia), os níveis de glicose ficam equilibrados por muito mais tempo no organismo. Isso diminui a liberação exagerada de cortisol, uma das substâncias chamadas de "hormônio do estresse", que, além disso, estimula o depósito de gordura no abdômen, aumentando assim o risco de doenças cardiovasculares como infarto e derrame. Mas lembre-se: não é para comer "qualquer coisa" nessas refeições, a qualidade do alimento tem se mostrado cada vez mais importante, não é só se alimentar regularmente, os nutrientes contidos nesses pratos e lanches têm que ser levados em conta.

O cérebro usa em média de 20 a 30% de todas as calorias que consumimos, ou seja, essa "partezinha" do nosso corpo usa quase um terço do que comemos para poder manter seu funcionamento em dia. E quando passamos muito tempo em jejum ele trabalha mal, e fica mandando mensagens de mau humor o tempo inteiro, ele não lhe deixa fazer outra coisa direito até que seja bem alimentado. Por esse motivo não dá para ser produtivo com fome!

Tente se lembrar da última vez em que precisou fazer um período de jejum prolongado, por uma cirurgia, um exame ou até mesmo um dia de correria que não conseguiu se organizar para comer; você ficou de mau humor, não foi?

Existem alimentos, comprovados por pesquisas científicas, que são capazes de alterar a química cerebral, aumentando a liberação e produção de neurotransmissores, substâncias que circulam pelo cérebro e são responsáveis pela sensação de bem-estar e prazer, entre elas a serotonina, endorfinas e dopamina. Esse é o mecanismo usado por vários medicamentos antidepressivos. Veja, você pode melhorar seu humor e disposição passando no supermercado ou na feira, não na farmácia! Sou a primeira a defender a causa de que não existe alimento capaz de fazer mágica, porém, incorporar alguns elementos importantes no seu dia a dia ajuda a fornecer energia e os meios necessários para lhe deixar mais ativo. Entre eles estão: banana, abacate, abacaxi, pimenta, chocolate, vegetais, leite e derivados.

Mantenha uma vida social ativa

Quando eu falo isso, não estou dizendo que é para você pular de festa em festa por aí, regada a bebidas e banquetes. É para você se relacionar bem com pessoas! Em todos os seus ambientes: familiar, pessoal e profissional. A solidão deprime as funções cerebrais, precisamos de gente, literalmente, para ser mais gente! Um estudo da *University College London*, que avaliou mais de 2500 idosos com 65 anos ou mais, identificou que 15% deles estavam em risco de desenvolver depressão ou outras doenças associadas ao isolamento social. O envolvimento social é importante e foi uma questão de sobrevivência para nossos antepassados que viviam em bandos. O convívio em grupo permitiu a divisão de tarefas, o compartilhamento de abrigos, comida e proteção de predadores, imagine como seria viver cada um por si nessa era tão adversa da nossa evolução. Hoje, vários estudos científicos corroboram a força do convívio e terapia social no funcionamento cognitivo, podendo reestabelecer ganhos cerebrais equivalentes a rejuvenescer mentalmente em até 7,5 anos!

E quanto às interações sociais e alimentação, pode até lhe soar estranho, mas um prato de massa, um copo de cerveja com os amigos ou um doce como sobremesa pode sim fazer parte de uma alimentação saudável e equilibrada! E você provavelmente acha estranho porque estamos passando por uma cultura da "fitnização", do "não pode", se for gostoso, faz mal! Todos os dias lemos nas redes sociais – uma das principais fontes de informações rápidas e de fácil aquisição hoje em dia – que certos alimentos, como leite e pão, agora são venenos; tomar café da manhã faz mal; que para se ter um corpo saudável, bonito e "fitness" é preciso doer! A famosa política do *"no pain, no gain"*, sem dor, sem ganhos. Mas realmente não precisa ser assim! Isso não significa que você não precise de um pouco de esforço e dedicação.

Porém, para se obter resultados a longo prazo em saúde é importante entendermos que o alimento não serve apenas para nutrir o corpo. Já passamos, e muito, do tempo das cavernas, no qual só comíamos para sobreviver. E mesmo assim vimos como já naquela época as interações sociais eram importantes. Mas hoje também comemos para nos divertir, comemorar e nos sentirmos bem. O alimento nutre também a alma! Seguir rotinas dolorosas, extremas e cheias de restrições só farão você perder mais rápido o foco do seu objetivo! Eu sempre digo que não adianta muita coisa você ter um corpo saudável e não ter com quem compartilhar essa longevidade! As interações sociais são fundamentais para uma mente e corpo saudáveis!

Não use a comida como recompensa!

É muito frequente pessoas que chegam ao final de um dia cansativo, destrutivo mentalmente e horroroso e se dão ao direito de comer um pote de sorvete, um pacote de biscoito ou salgadinho ou qualquer outro alimento não saudável para se sentirem melhor. Sabe aqueles dias que chegamos em casa exaustos mentalmente? Quem nunca pensou em pegar uma "besteirinha" bem gostosa ao seu paladar ou abrir uma garrafa de cerveja, whisky ou beber uma taça de vinho (conforme sua preferência) e ainda dizer para si mesmo: "Hoje eu mereço!"?

Esse hábito se mostrou tão verdadeiro que a seguinte pergunta do teste de energia: *"Meus hábitos alimentares mudam quando me sinto estressado ou deprimido, recorrendo a alimentos não saudáveis como por exemplo: fast food, massas, bebidas alcoólicas, frituras ou excesso de doces"*, esteve entre as questões que tiveram a pontuação mais frágil entre aqueles 68% (Lesmas, Tartarugas e Camelos), com o pior uso de energia.

Calma, não quero confundir sua cabeça, já que na sessão anterior disse justamente que você pode sim colocar algo considerado "não saudável" na sua dieta e mesmo assim ela se manter equilibrada e saudável, mas veja, a diferença aqui não está na comida e sim no motivo!!! Se o alimento está entrando para compensar alguma frustação emocional, isso que está errado. Agora, se ele entra em um momento de prazer e compartilhamento de felicidades entre amigos, parentes e conhecidos, aí sim você está em um momento saudável de sua vida, independentemente da qualidade do alimento que o acompanhe.

Usar comida como recompensa só vicia seu mecanismo cerebral em um sistema de resolução ruim e fraco. A comida tem a capacidade de produzir dopamina no cérebro, o neurotransmissor de recompensa, que produz prazer imediato, mas de uma forma muito fugaz, em um processo bem parecido com o que drogas de alta dependência química fazem, e o que acontece é que alguns poucos minutos após o consumo desse alimento inadequado, por um motivo inadequado, você se sente arrependido! Porque o pouco de glicose que você ofereceu para o cérebro já fez ele pensar melhor, o efeito de inebriação da dopamina passou e você pensa logicamente no que acabou de fazer. Mas o mais interessante é que você se vê fazendo a mesma coisa poucos dias depois! Então, primeiro, você precisa quebrar esse ciclo autodestrutivo! Como? Fazendo outras ações que produzam dopamina, mas de forma mais equilibrada e prolongada no seu corpo, como a prática de atividade física e o consumo de alimentos ricos em fibras e carboidratos de boa qualidade, como grãos, cereais integrais e frutas de baixo índice glicêmico. Além dos momentos de lazer e interação social, que já vimos anteriormente!

Durma feito um anjo e acorde feito um falcão!

Todo mundo sabe que uma boa noite de sono restaurador é fundamental para um bom dia de atividades. Há muitos anos ouvimos que o ideal seria as famosas oito horas de sono por noite, hoje já se sabe que isso é relativo, depende de alguns fatores como idade, metabolismo e sexo, por exemplo. Tem pessoas que se sentem confortáveis e bem-dispostas com horas a menos, assim como existem aquelas que precisam de muito mais.

Estudos mostram que o sono é fundamental para sedimentar o aprendizado daquele dia, e que é durante a noite que são produzidos os hormônios do crescimento, responsáveis pelo bom desenvolvimento durante a infância – você já percebeu que criança dorme muito mais do que adulto? À medida que os anos de vida vão passando, precisamos de menos horas de sono para nos restabelecermos; as funções desse período de descanso na nossa vida vão mudando ao longo da nossa existência, mas nem por isso são menos importantes.

Para que você tenha um dia cheio de energia, vontade e concentração é necessária uma noite anterior bem dormida, e não estou falando em quantidade, mas sim em qualidade. Você já deve ter percebido que quando não dorme adequadamente durante a semana e tenta "compensar" o sono perdido no fim de semana ou em qualquer outro dia de folga, não dá certo! Muitas vezes você levanta indisposto, com o corpo dolorido, às vezes até com vontade de continuar na cama, não é verdade? Por que isso acontece? Essa sensação de que quanto mais você dorme, mais quer dormir?

A regularidade do sono é fundamental para que ele seja eficiente e restaurador. O sono tem várias fases: no início é mais superficial e segue para o mais profundo, onde são formados os sonhos – nessa fase o metabolismo diminui e o corpo relaxa. Já no final do sono é retomada a velocidade do metabolismo e o organismo aumenta os níveis de hormônios e substâncias cerebrais necessárias para ter energia e disposição para o dia que se inicia.

Se você quebra ou prolonga esses ciclos regulares haverá uma interferência negativa na produção ideal dessas substâncias. Por esse mesmo motivo a função "soneca" do despertador deve ser esquecida! Toda vez que você coloca o despertador para tocar em determinado horário e desperta cinco ou dez minutos depois, o organismo tenta reiniciar esse ciclo, não tendo tempo suficiente para completá-lo da maneira ideal. E quando você dorme demais, há prolongamento da fase profunda do sono, etapa em que ocorre uma diminuição importante dos níveis de serotonina (neurotransmissor responsável pela disposição e bem-estar). Dessa forma, você fica muito mais tempo que o habitual sem esse neurotransmissor no organismo; e baixos níveis dessa substância estão relacionados a humor depressivo e indisposição.

Muitas horas de sono ainda propiciam dores musculares e de cabeça, devido à permanência por muito tempo em uma mesma posição.

E o que você ingere antes dormir também faz toda a diferença: se a alimentação for muito pesada e gordurosa, a dificuldade de digestão vai atrapalhar a noite de descanso, já uma refeição leve até ajuda a produzir níveis adequados de neurotransmissores – aquelas substâncias que agem no ambiente cerebral e são fundamentais para uma noite de sono tranquila!

Evite também consumir bebida alcoólica antes de dormir. Talvez você tenha a sensação de que um drink antes de deitar faz com que você fique mais relaxado e vá para cama melhor, mas a verdade é que o álcool pode até induzir o início do sono, mas não deixa que ele entre na fase profunda. Ou seja, o sono fica superficial, não permitindo a evolução para as zonas nas quais realmente se processa o descanso.

A ciência tem evoluído cada dia mais e com ela vamos descobrindo coisas muito importantes para as nossas vidas. Recentemente, estamos ouvindo falar com frequência da melatonina, que é um hormônio regulador do sono e sem o qual não conseguimos completar adequadamente esse ciclo. Estudos recentes mostram quais alimentos são capazes de aumentar os níveis dessa substância circulando no nosso organismo, são eles: abacaxi, banana, laranja, aveia, milho, arroz, tomate e cevada. O interessante é que a maioria deles também ajuda na produção de serotonina!

Como melhorar o sono com a alimentação	
O que comer	Abacaxi, banana, laranja, aveia, milho, arroz, tomate, cevada, chá de camomila, cereja, couve, alface e espinafre
O que não comer	Alimentos ricos em cafeína após as 18 horas (café, chá verde, chocolate), bebidas alcoólicas, alimentos de difícil digestão, para algumas pessoas laticínios integrais (pois podem causar refluxo)

Dormir para prevenir

Noites mal dormidas levam à elevação crônica do cortisol, e como vimos anteriormente, isso não faz nada bem para a saúde: aumenta o risco de doenças cardiovasculares, deprime a imunidade e o humor. Mas, outra consequência gravíssima de horas de sono ausentes estão relacionadas com o envelhecimento cerebral. Pesquisadores foram capazes de mostrar que apenas seis noites com apenas 4 horas de sono já foram capazes de alterar a tolerância à glicose, elevar os níveis de cortisol e ativar neurotransmissores que estimulam o cérebro intensamente. E isso cria um ciclo vicioso maléfico: a falta de sono aumenta o cortisol, e o cortisol aumenta a falta de sono. E para piorar as coisas, a privação de sono tem sido relacionada à elevação do consumo de alimentos calóricos ricos em carboidratos. A ingestão desses alimentos pode ser de 33% a 45% maior em quem dorme mal. É preciso quebrar essa roda de autossabotagem! Como? Além de consumir ou evitar o consumo dos alimentos citados anteriormente, algumas outras atitudes também ajudam a melhorar a qualidade e intensidade do sono, são elas:

- Pegar um pouco de sol durante o dia (10 a 15 minutos);
- Praticar atividade física moderada, pelo menos 30 minutos por dia;
- Evitar cochilos inapropriados durante o dia;

- Manter a regularidade do horário que vai para a cama e que levanta todos os dias;
- Desligar TV, celular e estímulos luminosos antes de dormir;
- Ter um colchão dentro do prazo de validade, que atenda às características físicas do seu corpo;
- Evitar atividades estimulantes antes de deitar, como exercícios físicos intensos;
- Temperaturas corporais mais baixas (banho morno ou mais frio ao invés de quente);
- Praticar atividades de meditação;
- Avaliar causas orgânicas de insônia, como: apneia do sono, depressão, fibromialgia, hipertireoidismo, hipertensão (fale com seu médico!);
- Avaliar uso de medicações que induzem à insônia, exemplos: remédios para asma, alguns antidepressivos, corticoides, diuréticos, antigripais, supressores de apetite. Nesse caso você também precisa procurar e conversar com seu médico.

capítulo 7

O segredo para prolongar a vida e preservar o cérebro

"Você faz suas escolhas e suas escolhas fazem você."

William Shakespeare

Pratique restrição calórica

O que significa isso? Em bom e simples português, é comer menos! Hoje, com toda a vida moderna que temos, o acesso à comida ficou mais fácil. Por outro lado, estamos muito mais sedentários do que há alguns anos. Sem falar das facilidades como escadas rolantes, elevadores, controle remoto, carro automático, entre outros, que foram nos tirando pequenas atividades físicas ao longo do dia, mas que quando somadas ao fim de um período, ficam significativas. Então, acabamos acumulando mais calorias do que deveríamos. Esse processo causa reações inflamatórias no organismo, desgastando diversas funções, inclusive as do cérebro.

E o que faz a gente ter certeza disso? Estudos mostram que um curto período imprimindo uma restrição calórica ao corpo já é suficiente para melhorar o desempenho de memória. O mecanismo exato de como isso acontece ainda não foi claramente elucidado, mas muitos estudiosos acreditam que se deve à diminuição dos níveis de insulina circulante que permitem um melhor desempenho da função cerebral. Como já expliquei anteriormente, quando comemos a insulina é liberada no corpo para poder tirar a glicose do sangue e colocar dentro da célula; então, se comemos um volume menor, menos insulina será liberada. Está bem comprovado que o excesso de insulina influencia negativamente no desempenho cerebral.

No gráfico abaixo, a linha mais inclinada, com melhores resultados em incremento de memória, refere-se aos participantes do estudo que foram submetidos à redução no consumo de calorias. A linha do meio, com incremento de memória também significativo – porém, inferior ao dos participantes que apenas diminuíram a quantidade de consumo de alimentos – , é referente àqueles que tiveram um aporte na alimentação de gorduras de boa qualidade, como as gorduras mono e polinsaturadas, derivadas de fontes de ômega 3 (peixes, nozes, azeite de oliva). Destaco ainda que o grupo de pessoas que teve melhor resultado de memória nessa intervenção de apenas três meses foi o mesmo que teve perda de peso e redução significativa nos níveis de insulina circulante e equilíbrio dos níveis glicêmicos. Isso significa que, muito provavelmente, esse incremento de memória também esteja fortemente relacionado à perda de peso desses participantes e à diminuição da resposta inflamatória.

EFEITO DA RESTRIÇÃO CALÓRICA SOBRE A MEMÓRIA

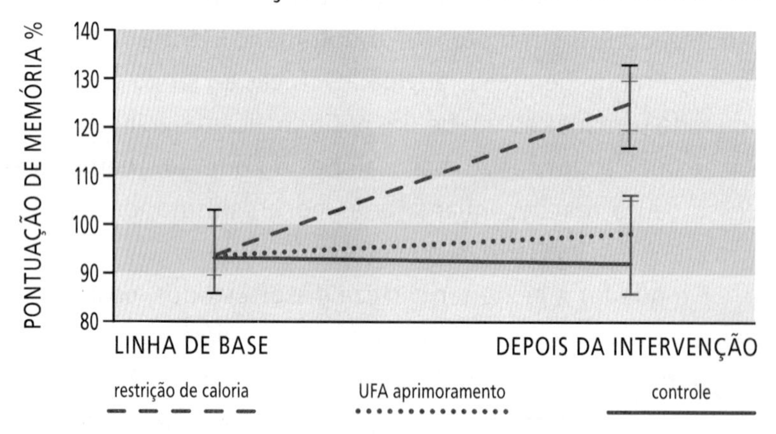

Fonte: A. V. Witte, M. Fobker, R. Gellner, S. Knecht and A. Flöel. Caloric restriction improves memory in elderly humans. PNAS January 27, 2009. 106 (4) 1255-1260;

Efeito da restrição calórica sobre a memória *(explicação do gráfico)*

E a longo prazo isso também é verdadeiro? Muito provavelmente, sim! Um extenso estudo de revisão avaliou o impacto da restrição de calorias por longos anos e encontrou dois achados que eu destaco:

1- Uma população no Japão, na cidade de Okinawa, que culturalmente consome bem menos calorias no seu dia a dia que a população em geral, ao longo de 30 anos, teve sua expectativa de vida aumentada, quando comparada ao restante do Japão ou até mesmo a outros países que, na média, têm um consumo calórico por pessoa maior, como França e Estados Unidos.

2- A restrição calórica ao longo dos anos é capaz de reduzir importantes marcadores de inflação que fazem a idade biológica ser bem menor que a cronológica, chegando a uma diferença de mais de 20 anos entre as duas.

ESPECTATIVA DE VIDA EM HOMENS E MULHERES

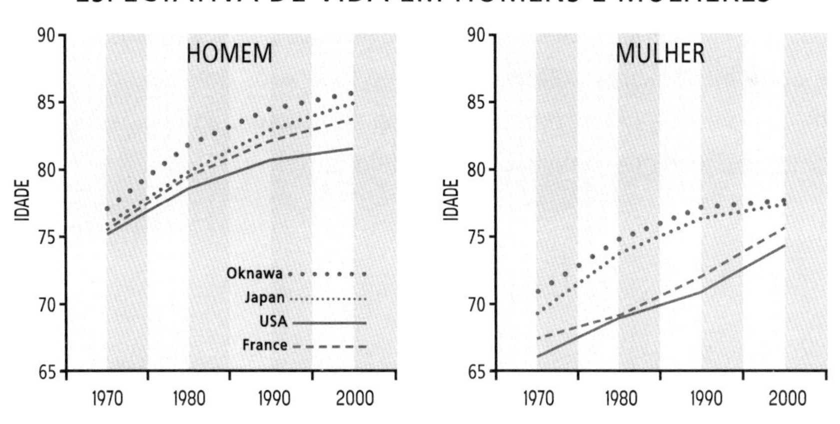

Fonte: A. V. Witte, M. Fobker, R. Gellner, S. Knecht and A. Flöel. Caloric restriction improves memory in elderly humans. PNAS January 27, 2009. 106 (4) 1255-1260;

Uma coisa precisa ser muito bem esclarecida: essa restrição de calorias não pode ser intensa ao ponto de causar desnutrição! Então não me entenda mal, vários estudos mostram os benefícios de consumir um volume menor de calorias do que o habitual, mas você jamais deve passar fome e ficar desnutrido!

Evite picos glicêmicos: assassinos de energia!

O que são picos glicêmicos? São momentos no seu dia em que os níveis de glicose no sangue sobem demais, sendo posteriormente derrubados pela ação do hormônio insulina, causando, como consequência, períodos de glicemia baixa.

Vamos relembrar o metabolismo da glicose e a ação da insulina: acompanhe novamente na figura ao lado para entender melhor. Durante o dia, naturalmente, temos três períodos mais críticos, com uma carga de energia mais intensa, que são os das três refeições maiores. Observe na figura que nesses três momentos, quando o alimento é consumido, os níveis de glicose sobem e os de insulina também; e que logo em seguida a quantidade de ambos cai e o ciclo se repete na próxima refeição. Bem, isso é fisiológico, natural do metabolismo. O que você deve evitar é que esses picos subam demais, causando quedas bruscas, gerando períodos de hipoglicemia que sugam sua energia e pode lhe deixar sonolento e cansado logo após uma refeição volumosa como o almoço, por exemplo, ou após comer aquele pedaço de bolo de chocolate com chantilly no meio tarde!

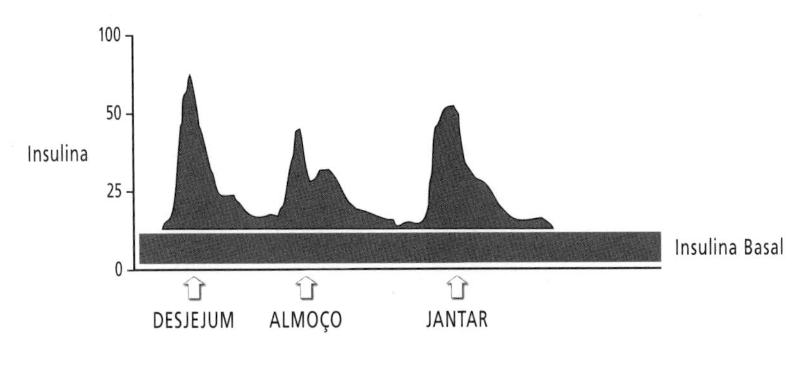

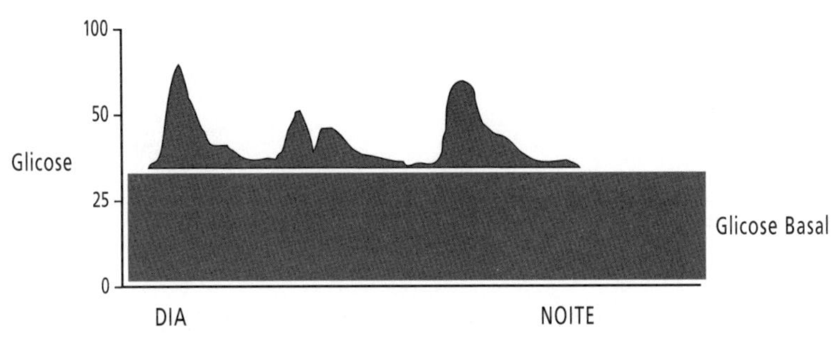

Como você pode controlar esses picos? Evitando ao máximo carboidratos simples, como doces, farinhas refinadas, massas e preparos feitos com esses componentes. Está lembrado que já comentei com você sobre o Índice Glicêmico? Então, esses tipos de carboidratos têm o IG geralmente mais elevado e induzem volumes maiores de glicemia. Tire-os da sua rotina alimentar. O ideal seria que você os evitasse em todas as refeições, mas se não conseguir logo de pronto, foque essa ação principalmente no intervalo entre as maiores – os lanches, pois nesse momento em que há o consumo de alimentos desse grupo isoladamente (os de alto IG) você ganha mais um pico glicêmico no seu dia. Então, prefira consumir como lanche, ao invés daquele cafezinho com açúcar e biscoito, muito comum nas empresas, um "mix" de castanhas ou uma fruta de baixo IG. Concentre sua atenção em escolher os alimentos com menor influência sobre esse metabolismo ruim do açúcar e fuja daqueles que têm maior IG.

Ainda não está convencido do porquê desta troca? Vou lhe mostrar mais um gráfico de como os alimentos com alto IG conseguem aumentar mais a glicemia quando comparados aos de baixo IG. Siga as linhas da figura abaixo e observe que no alto IG a glicemia sobe bastante e logo em seguida cai para níveis menores do que estavam antes da alimentação, enquanto que no baixo IG a glicemia não sofre alterações tão significativas.

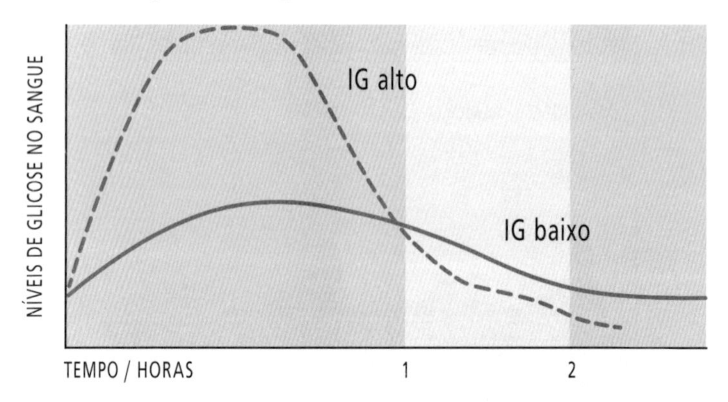

E se ainda assim você não conseguiu entender as consequências dos picos glicêmicos, causados principalmente por essas escolhas alimentares ruins, vou enumerar algumas (das várias) que considero mais importantes e impactantes:

1- **Aumenta o risco de desenvolver diabetes tipo 2:** Esse uso exagerado da insulina faz com que o corpo tenha que produzir mais desse hormônio, pois ele vai ficando defeituoso, perdendo sua ação sobre a glicemia.

2- **Aumenta os níveis de cortisol**: Ele contribui para a piora do sono, aumenta as chances de elevação nos níveis de pressão arterial, diminui a imunidade e impacta na produção de testosterona, hormônio fundamental para a saúde sexual (masculina e feminina), produção de músculos e para a disposição.

3- **Aumenta o risco de doenças cardiovasculares**: Entre elas: acidente vascular cerebral e infarto, devido ao aumento crônico do cortisol, que estimula o depósito de gordura abdominal, principalmente da visceral, que está intimamente relacionada ao aumento do risco cardiovascular, além de dar barriga! Para quem também se importa com a questão estética, esse é um dado importante: você jamais conquistará um abdômen "tanquinho" permitindo picos glicêmicos frequentes.

4- **Induz estados de hipoglicemia:** Pessoas mais sensíveis a esse mecanismo podem baixar demais sua glicemia em reação aos níveis elevados de insulina, chegando a ter mal-estar intenso e desmaios. E, dependendo da função dessa pessoa no trabalho, pode gerar consequências gravíssimas. Imagine isso acontecendo com um motorista de ônibus? De fato, na minha experiência profissional já tive um paciente que perdeu a consciência dirigindo e bateu o carro, por conta da hipoglicemia!

5- **Piora seu desempenho cerebral**: O excesso de insulina circulante no seu organismo devido aos picos inibe a ação desse mesmo hormônio no cérebro, afetando a comunicação e as conexões entre os neurônios, dificultando o aprendizado, memória e execução de tarefas. E quando associados ao consumo excessivo de gorduras de qualidade ruim aumentam o risco, segundo estudos, do desenvolvimento de doenças demenciais como o Alzheimer. Esse fato é tão importante que vou dedicar o próximo capítulo a esse assunto.

Vou deixar aqui para você uma tabela com alguns alimentos divididos de acordo com seu Índice Glicêmico. Tente concentrar sua alimentação nos que têm baixo e médio IG, evite consumir os que têm alto IG. Esse, com certeza, é um bom caminho se você deseja preservar sua saúde física e mental.

Alimentos	Índice baixo (até 50)	Índice médio (50 -70)	Índice alto (70)
Açúcares	Frutose	Lactose	Glicose, mel, sacarose, xarope
Frutas	Ameixa fresca, cereja, maçã, pera, melão, damasco	Kiwi, laranja, pêssego, uva, morango	Abacaxi, banana, manga, melancia, papaia, lichia
Suco e bebidas		Abacaxi, laranja, vinho tinto	Coquetel de frutas, cerveja, refrigerantes
Laticínios	Iogurte light e natural, leite integral, desnatado, queijos light	Leite fermentado	
Cereais e biscoitos		Farelo de trigo, aveia em flocos, farelo de aveia	Biscoito de arroz, biscoito de centeio, cream cracker, cereais matinais, farelo de aveia
Pães	Pão de cevada, farelo de arroz	Pão de centeio, de cereais, de frutas, integral, arroz integral ou selvagem, pão sírio	Aveia, baguete, pão branco, hambúrguer, torrada
Massas	Espaguete com proteína (carnes diversas)	Massas integrais	Arroz branco, nhoque, massa de farinha branca
Grãos	Ervilha seca, lentilha, nozes, pistache, amendoim	Ervilha verde, feijão preto, feijão fradinho, grão de bico, pipoca	Milho
Hortaliças	Alcachofra, brócolis, repolho, couve-flor, aipo, couve, pepino, berinjela, alface, cogumelo, espinafre, broto de alfafa, nabo, tomate, abobrinha	Batata doce, cenoura, inhame	Abóbora, beterraba, batata inglesa
Bolos e doces		Chocolate amargo	Sorvete, bolo comum, geleia

Fonte: International table of glycemic index and glycemic load values: 2002

Metabolismo do açúcar. Como certos tipos de alimentos roubam a sua energia

capítulo 8

Como as dietas populares podem influenciar na produtividade

"Nem todos os caminhos são para todos os caminhantes."

Goethe

Dieta é sacrifício?

Quando falamos a palavra dieta, a ideia que logo vem à cabeça é a de sacrifício, regime é uma coisa feita por pessoas que querem emagrecer. E sim, muitas pessoas tem o objetivo do emagrecimento, mas dieta não significa somente isso. O conceito da palavra é muito mais amplo: se refere aos hábitos dietéticos que temos no dia a dia, ou seja, todo mundo faz algum tipo de dieta! Então, quando eu falar a palavra aqui, por favor, os defensores da expressão "estilo de vida" não se ofendam, pois, a dieta que você adota no seu dia a dia, seja ela qual for, boa ou ruim, faz parte do seu estilo de vida!

Pegando o gancho do capítulo anterior, no qual defendi a restrição de calorias como uma boa medida para melhorar suas funções cerebrais e aumentar sua longevidade com qualidade, agora preciso ponderar riscos e benefícios das dietas que circulam por aí. Talvez você já tenha feito alguma delas ou conheça alguém que fez.

Low carb

A base dessa dieta é a restrição de carboidratos e aumento das proporções de proteínas e gorduras. Diversos estudos mostram os benefícios desse tipo de dieta a curto prazo (alguns meses), com perda significativa de peso e melhora de marcadores inflamatórios. Mas ainda carece de estudos que mostrem sua eficácia e segurança a longo prazo, ou seja, se adotada por muitos anos seguidos, não é possível garantir que ela conseguirá manter os benefícios que se mostraram atrativos em poucos meses. Caso você queira adotar esse estilo de alimentação, pois foi convencido pela legião de seguidores que propagam seus benefícios nas redes sociais, meus conselhos são: faça isso com segurança, procure um profissional competente para lhe ajudar e esclarecer se essa é a melhor escolha para você. E lembre-se: não inicie essa dieta em um momento crítico de tomadas de decisões no trabalho, pois é comum sentir muito mal-estar e dificuldade de raciocínio nos primeiros dias.

Isso acontece porque ela mexe com o metabolismo da glicose: o cérebro, a princípio, está acostumado a só usar glicose como energia, e com essa restrição de carboidratos vai se ver obrigado a usar outras fontes de energia para funcionar. Ao longo dos dias a adaptação natural vai acontecendo e esses sintomas somem. Aconselho também a nunca restringir demais os carboidratos, a redução intensa desse nutriente cursa com aumento de cortisol e já falamos de todas as consequências negativas que isso pode causar. Outro ponto crítico a ser observado é a quantidade de fibras e água a serem ingeridas, pois há um "esquecimento" frequente desses nutrientes, o que pode causar consequências para o intestino, como constipações. Mas, realmente, essa dieta pode ser uma boa escolha para pessoas do tipo "8 ou 80", que não conseguem comer moderadamente doces e carboidratos refinados. A *low carb* "força" o indivíduo a seguir uma alimentação sem esses pontos fracos, inibindo um ciclo de autossabotagem e a ingestão desses itens em demasia.

Jejum intermitente

São períodos alternados de alimentação habitual com períodos de jejum sem alimentação alguma ou com quantidade muito restrita. Existem vários protocolos, entre os mais comuns: 16 a 18 horas de jejum por dia, com o horário restante livre para se alimentar; jejum em dias alternados e jejum em dois dias da semana com cinco dias de alimentação normal. Nesses dois últimos esquemas, a pessoa não deve jejuar 100% nos dias do "jejum", a ingestão deve ser restrita para aproximadamente 500 calorias. Estudos que avaliaram esse tipo de dieta mostraram benefícios semelhantes ao da *low carb* a curto prazo, mas sem alterações na proporção dos macronutrientes, ou seja, pode manter as proporções habituais de proteínas, gorduras e carboidratos. Mas também carece de estudos com manutenção dessa prática a longo prazo.

A *American Heart Association* fez um grande estudo, publicado no início de 2017, sobre a frequência alimentar e como esta pode influenciar na diminuição dos marcadores de risco cardiológico, como: obesidade, hipertensão, diabetes, resistência à insulina, níveis elevados de triglicérides e colesterol. Em seguida, esse estudo avaliou que a prática de jejum intermitente pode levar a um melhor controle das calorias ingeridas, entre aqueles que têm dificuldade de diminuir o consumo em todas as refeições, e indica que essa pode ser uma boa estratégia de alimentação com objetivo de diminuir riscos para esses pacientes. Os meus conselhos também são semelhantes aos anteriores: jamais inicie um plano alimentar desses sozinho, peça ajuda a um profissional e evite essas mudanças radicais em períodos que você precise ter foco importante no trabalho.

E em relação a comer de 3 em 3 horas, caiu mesmo por terra? Não! O que caiu foi o mito de que comer com essa frequência era capaz de acelerar o metabolismo, isso já foi comprovado por estudos que não é verdade. Mas essa, sim, pode ser uma boa estratégia alimentar para quem tem fome em curtos períodos: ajuda a controlar a quantidade consumida de calorias e não permite que você chegue em casa "varado de fome", querendo comer qualquer coisa que encontre pela frente. Além de ser capaz de equilibrar bem os níveis de glicose, insulina e cortisol ao longo do dia, evitando assim os picos glicêmicos – claro que depende da qualidade do que você consome! Também já falamos sobre isso anteriormente, você sempre deve buscar se alimentar com os nutrientes com menor índice glicêmico, *in natura* e minimamente processados.

Dieta Paleolítica

Já citada anteriormente, o conceito dessa dieta se baseia numa alimentação mais natural possível, segundo os desenvolvedores dessa prática, semelhante aos homens das cavernas, sendo a base alimentar proteínas e gorduras de origem animal, vegetais e poucas frutas. É inspirada na ideia de que nossos ancestrais apenas caçavam animais e coletavam da natureza os vegetais comestíveis, com baixo consumo de carboidratos. E ainda proíbe o consumo de alguns alimentos, mesmo *in natura*, pois não teríamos capacidade evolutiva de digeri-los. Estes itens proibidos também são apontados como responsáveis pelos males de saúde que encontramos hoje em dia.

O que me agrada nessa dieta é o estimulo à alimentação natural, mas o que me desagrada profundamente é a desvirtuação desse conceito nas redes sociais, promovendo a política do "bacon é vida". Eu realmente não consegui encontrar nas minhas pesquisas o bacon na cultura alimentar da Era Paleolítica, pelo menos não como ele é preparado hoje em dia. E, além do mais, tenho certeza absoluta que uma carne cheia de gordura que é defumada com fumaça química, acrescida de sal e açúcar (para ficar crocante) não é uma coisa saudável para ser consumida todos os dias! Outro ponto que deve ser observado nesta dieta é um consumo ideal de fibras, para não atingir maleficamente o intestino.

Dieta do Dr. Dukan

É uma outra dieta com baixo consumo de carboidratos. Na fase inicial, eles são praticamente zerados. É uma dieta focada em emagrecimento, e quando você atinge o peso ideal, é permitido o retorno de certos tipos de carboidratos, a chamada fase cruzeiro. Extremamente comercial, essa prática apresenta vários produtos para a produção de pães e biscoitos do "Tipo Dr. Dukan". Assim como as outras, não deve ser iniciada apenas baseada nos livros, deve-se ter a ajuda de um profissional competente que guie você por todos os caminhos seguros. O positivo nessa dieta é que ela não parece ser tão difícil de aderir quanto as outras *low carbs*, mas também não existem estudos a longo prazo que mostrem sua segurança.

Dieta do *bullet-proof-coffee*

Tem sido muito difundida nos últimos tempos e consiste na mistura de um café superpoderoso (café, manteiga e óleo de coco), que promete dar mais energia e disposição, associado à restrição de carboidratos e jejum intermitente. Também é uma dieta muito comercial, pois o autor afirma que não pode ser ingerido qualquer tipo de café, manteiga ou óleo de coco, tem que ser os que ele cultiva, pois todos os outros teriam toxinas que roubam sua energia. Então, ele também tem uma linha extensa de produtos ligados à dieta. Bem, eu indico bastante essa mistura para pré-treino, pois ela fornece a cafeína que, sabidamente, estimula uma boa utilização de energia pelo corpo e mobiliza reservas de gordura para isso; e o óleo de coco, que é rico em um tipo de gordura que é metabolizada rapidamente pelo organismo. Mas toda essa mistura de "café *power*", mais jejum intermitente, mais *low carb* me parece ser um estímulo de estresse muito intenso para o corpo. Certamente, para quem o faz, promove um emagrecimento rápido, mas nem sempre emagrecer rápido é seguro! Além disso, não existem estudos validando esse sistema de alimentação.

Dieta do tipo sanguíneo

Essa é uma dieta bem mais antiga, hoje em dia ela está um pouco esquecida, mas é possível que você já tenha ouvido falar dela. Consiste em indicar qual alimento beneficiaria, prejudicaria ou não faria diferença para o seu organismo, de acordo com seu tipo sanguíneo. Por exemplo: quem tem grupo sanguíneo do tipo O deveria comer todos os tipos de carne, já do grupo A deveria evitar proteínas de origem animal e do tipo B, basicamente, poderia consumir de tudo. Provavelmente, é uma dieta que não tem muitos adeptos e nem se fala com frequência por não ter bases científicas sólidas que comprovem essa seleção de alimentos por grupo sanguíneo.

Dieta dos *shakes*

É baseada na substituição de refeições clássicas por *shakes,* que são pós concentrados de nutrientes, proteínas e carboidratos batidos com leite ou água e, geralmente, hipocalóricos. De acordo com essa dieta, ao fim do dia existe um déficit de calorias entre o que você ingeriu e o que você gastou, proporcionando a perda de peso. Acredito que pode ser um recurso usado eventualmente para "facilitar" uma refeição ou como um incentivo inicial para perda de peso, se for o caso. Mas quem é que consegue viver a vida toda consumindo apenas *shakes*, sem comer comida sólida? Além do que esses preparos são alimentos ultraprocessados, que devem ser evitados em uma rotina alimentar normal e equilibrada! Usar como recurso pontual, sim! Para a vida inteira? Não!

Dieta sem glúten e sem lactose

São duas coisas completamente diferentes, mas a força das redes sociais e livros americanos que condenam o consumo desses nutrientes fizerem os dois caminharem juntos. O glúten é uma proteína que se encontra no trigo, cevada, centeio e, por contaminação cruzada, na aveia; enquanto que a lactose é o açúcar do leite. É muito comum as pessoas pensarem que ao substituir alimentos com glúten por alimentos sem, acabam automaticamente tendo uma vida mais saudável, e não é bem assim! Normalmente, as farinhas substitutas do trigo nos preparos como pães e bolos, como o polvilho e a farinha de arroz, tem alto índice glicêmico, que podem causar os picos de glicemia já mencionados. Você pode até ser influenciado pelo marketing dos produtos *"gluten free"*, achando que está fazendo um bom negócio; e na verdade estar piorando o seu metabolismo.

Excluir o glúten da dieta é para quem tem intolerância ou alergia a esse nutriente, não necessariamente é uma coisa que todos devem fazer. Digo o mesmo para a lactose. Deparo-me frequentemente com pessoas falando que cortaram a lactose de suas dietas com o objetivo de emagrecer ou de se sentirem superpoderosas! E normalmente fazem isso por ouvirem em algum programa de TV ou pescaram essa informação em algum lugar pela internet ou redes sociais. E muitas vezes, no consultório, o paciente chega com a queixa de que não está conseguindo se sentir melhor mesmo já tendo tirado a lactose da sua alimentação! Por que isso acontece? Porque, de fato, uma dieta restrita de lactose não é para emagrecimento e nem para melhorar o metabolismo! Quando a gente lê que a lactose é o açúcar do leite (e não aprofunda o conhecimento a respeito do assunto) e depois vê um produto *"lactose free"* no mercado, logo imagina que aquele produto está livre de açúcar! E para completar, ainda tem aquela modelo ou artista que diz que cortou a lactose da dieta e teve ótimos resultados! Então, quem não ficaria tentado a seguir uma dieta dessas por conta própria, não é mesmo?

Mas o que acontece, na verdade, é que a maioria dos produtos *"lacfree"* que temos à disposição para consumo hoje não são modificados para retirada do açúcar e sim acrescidos com a enzima que "quebra" a lactose, transformando-a em dois outros tipos de açúcares: glicose e galactose! Então, o produto "sem lactose" contém açúcares sim e numa forma mais simples ainda! Tanto a glicose, quanto a galactose tem uma absorção mais rápida pelo organismo do que a lactose, que leva mais tempo para ser digerida! Portanto, elevam os níveis de glicemia mais intensamente do que o leite comum. Você já percebeu que o leite sem lactose é mais doce do que o leite normal? Então, dieta sem lactose deve ser indicada para quem tem intolerância a essa substância, não para dieta de emagrecimento; e deve ser usada com muito cuidado em algumas pessoas, como diabéticos por exemplo!

Dieta do Mediterrâneo

É uma dieta chamada assim, pois é a rotina dietética habitual dos moradores das regiões banhadas pelo Mar Mediterrâneo e arredores. É baseada em fontes proteicas derivadas principalmente de carne branca, como peixes, e rica em gorduras de boa qualidade provenientes, principalmente, de azeite de oliva e castanhas. Essa população está entre as mais longevas, saudáveis e economicamente ativas (por mais tempo) do planeta. Essa é uma dieta mundialmente recomendada por vários especialistas por ter nutrientes de bastante qualidade para o organismo e o fato de estimular o consumo de gorduras mono e polinsaturadas, como o ômega 3 que, segundo inúmeros estudos, incrementa a capacidade mental, promovendo a neuroplasticidade. Então, de fato, essa é uma das melhores dietas para aumentar sua produtividade.

Dieta de Beverly Hills

Essa dieta "glamourosa" foi criada pela atriz americana Juzy Mazel, e se tornou sensação entre diversas celebridades. Ela vendeu milhares de cópias do livro com a promessa de um emagrecimento definitivo em apenas 35 dias de dieta. Mas, ao mesmo tempo, foi muito criticada por especialistas, pois a atriz não tinha formação técnica alguma, nem em nutrição ou medicina e usou apenas a sua experiência pessoal, na perda de mais de 30 kg, para desenvolver essa dieta. Na fase inicial, nos 10 primeiros dias, a proposta é consumir apenas frutas e nenhuma outra fonte de nutrientes. Então, claro que é uma dieta ultrarrestritiva, emagrecer nem sempre significa algo bom, tem que ser feito do jeito certo, no tempo certo, com os nutrientes certos, para não gerar consequências graves. No caso dessa prática, a proposta restritiva de 35 dias pode ser extremamente danosa para o cérebro, cognição e produtividade!

O que eu gostaria de deixar bem claro para você é que não existe um único jeito certo de se alimentar, apesar de termos, hoje em dia, um clima de torcida de futebol quando vemos os defensores das várias dietas nas redes sociais, cada lado defendendo com unhas e dentes a sua preferência e, muitas vezes, jogando pedras nas escolhas alheias.

Entendo perfeitamente que, por vezes, você ficou confuso sem saber o que, afinal de contas, é o melhor, qual é o certo. Mas, digo uma coisa: não entre nesse clima de certo ou errado. Você pode optar por aquilo que lhe deixe mais confortável e que melhor se adapte à sua rotina. Diversos caminhos podem levar ao mesmo lugar!

Um dado bem interessante colhido nos estudos que avaliaram esses tipos de dietas, é que eles só deram resultados positivos quando estavam associados à restrição de calorias totais. Ou seja, o que importa, ao fim do dia, é você consumir menos calorias! Como você vai fazer isso, não importa. Mas é óbvio, mais uma vez, a lembrança: nunca esquecendo de prestar atenção na qualidade dos alimentos!

Qualquer dieta que você escolher seguir, a princípio, vai gerar um desconforto para o cérebro, é uma rotina nova a ser criada e ele vai querer voltar sempre para o piloto automático. Portanto, mais uma vez, vale a lembrança de nunca iniciar uma mudança alimentar, principalmente se for muito diferente do seu habitual, em períodos críticos da sua vida. Mudanças de empregos, períodos de produção maior no trabalho, momentos pessoais conflitantes. O seu cérebro sempre vai tender a levar você de volta para uma situação de conforto e o caminho mais rápido e fácil é dando a comida que a vida inteira pareceu ser a mais gostosa para você, e que libera substâncias no seu cérebro que dão prazer.

Então, duas coisas estão arriscadas a acontecer se você insistir em criar uma rotina alimentar nova nesses períodos: falhar catastroficamente em adotar um novo estilo de alimentação, porque seu cérebro não deixa; ou sofrer, sofrer e sofrer e perder a concentração nas coisas agudas e importantes que precisam ser resolvidas naquele momento.

parte II

Metodologia Falcão

Os 4 As para aprender a voar

"Uma vez que você tenha experimentado voar, você andará pela terra com seus olhos voltados para o céu, pois lá você esteve e para lá você desejará voltar."

Leonardo da Vinci

capítulo 9

1º A: Autodiagnóstico

"O conhecimento é uma ferramenta, e como todas as ferramentas, o seu impacto está nas mãos de quem o usa."

Dan Brown

Energia e disposição: Multifatorial

Revisando alguns conceitos que vimos nesse livro até aqui, aprendemos muito sobre a energia física e que precisamos de uma boa qualidade de combustível (alimentos) com os aditivos certos (vitaminas, minerais, enzimas, oxigênio) para que o organismo use essa energia da melhor forma. Mas também, talvez, você tenha percebido ao longo de sua vida que não basta estar nutrindo apenas seu corpo da melhor maneira, com a melhor alimentação. A energia e a disposição também estão relacionadas ao estado mental, o que é muito mais complexo do que "apenas" uma quebra de alimentos para gerar calorias, está intimamente relacionada ao estado emocional, ao bem-estar pessoal, relacionamentos, independência financeira e as metas profissionais.

Vamos pensar que nossa vida e o bem-estar funcionam como se fossem o tampo de vidro uma mesa: para que ele fique firme, seguro e equilibrado, sem risco de pender para um lado e quebrar, precisa de todas as pernas da mesa bem firmadas para sustentar o peso. Então, todos os outros fatores da nossa vida, além da alimentação, são as outras pernas da mesa, se uma estiver quebrada, avariada ou torta, corre-se o risco de tudo vir por água abaixo e nossa mesa virar!

Então, agora vamos parar para um momento de reflexão sobre os diversos aspectos da sua vida, vou ajudar você a pensar um pouco. Vai funcionar assim: temos quatro aspectos para serem analisados, com três perguntas em cada. Na primeira fase você deve apenas responder SIM ou NÃO, na segunda, terá que dar uma nota, mas explico melhor na sequência, preocupe-se nesse momento apenas em fazer a primeira etapa.

- **Finanças**

  Você consegue honrar com todas as suas contas no fim do mês?

  ( ) sim ( ) não Nota: ________

  Você consegue manter uma reserva financeira para emergências?

  ( ) sim ( ) não Nota: ________

  Você mantém investimento/reserva para garantir uma aposentadoria com tranquilidade?

  ( ) sim ( ) não Nota: ________

- **Vida pessoal**

  Você tem boa qualidade nos seus relacionamentos (amizades, amorosos, familiares)?

  ( ) sim ( ) não Nota: ________

  Você tem pendências emocionais para resolver?

  ( ) sim ( ) não Nota: ________

  Você gerencia bem seu tempo para atividades de lazer/hobbies?

  ( ) sim ( ) não Nota: ________

Qualidade do sono

Você continua com sensação de cansado mesmo após uma noite de sono?

( ) sim ( ) não Nota: ________

Você sente que está dormindo menos do que precisa ou tem muitas interrupções?

( ) sim   ( ) não   Nota: ______

Você acorda desesperado de fome?

( ) sim   ( ) não   Nota: ______

- **Carreira**

  Você está onde gostaria de estar (cargo, empresa, no caminho)?

  ( ) sim   ( ) não   Nota: ______

  Você acorda feliz para ir trabalhar?

  ( ) sim   ( ) não   Nota: ______

  Você gosta da segunda-feira?

  ( ) sim   ( ) não   Nota: ______

Pronto! Já respondeu sim ou não? Agora volte às mesmas perguntas e naquelas que você respondeu "não" (esses são os pontos problemáticos) dê uma nota de 1 a 10, sendo 1 para o que lhe incomoda pouco e 10 para o que incomoda muito.

Exemplo:

Incomoda pouco >>>>>>>>>>>>>>>>>>>>>>>> *Incomoda muito*

1 2 3 4 5 6 7 8 9 10

- ***Carreira***

  Você está onde gostaria de estar (cargo, empresa, no caminho)?

  ( ) sim   (X) não   Nota: __7__

Agora você vai olhar para as notas mais altas que você deu, isso precisa ser resolvido na sua vida com prioridade. Escolha uma ordem e uma estratégia para resolver, que poder ser procurar um profissional especialista, um amigo ou mesmo que dependa apenas de você, faça! Você não pode deixar a perna da sua mesa insegura, o tampo pode virar a qualquer momento!

E já que nesta parte do livro podemos refletir um pouco sobre nossas carreiras e escolhas, quero voltar a falar para você o que observei no teste de energia respondido por aquelas 1442 pessoas, no qual 48% dos participantes exerciam algum cargo de gestão no trabalho: diretores, gerentes ou líderes. E o resultado do teste desse grupo me chamou muito a atenção:

RESULTADO DO TESTE EM CARGO DE LIDERANÇA

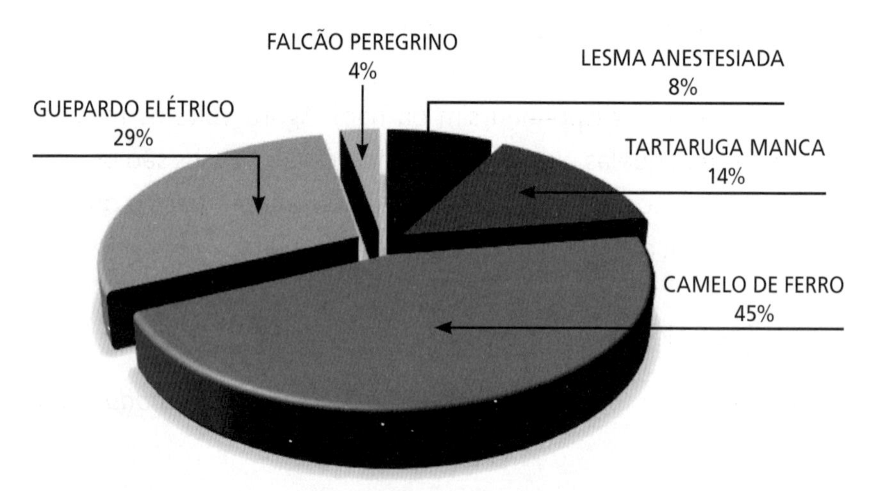

Você pode imaginar o que me surpreendeu? Em cargos importantes de gestão em uma empresa, nessa amostra de participantes, temos apenas 4% de Falcões contra 8% de Lesmas! É o dobro de pessoas no pior nível de energia, comparados àqueles que tem o melhor uso, repito: em cargo de gestão! Sem falar dos 14% de Tartarugas Mancas! Então, isso me fez questionar se essas pessoas são felizes no seu trabalho, ou será que estão trabalhando tanto para manter essa posição, que estão esquecendo de cuidar de si mesmas?

O que eu posso dizer com plena convicção é que se elas não mudarem o seu jeito de viver e sair desse estágio de Lesma Anestesiada, Tartaruga Manca e Camelo de Ferro vão ter problemas gravíssimos em suas vidas, seja no aspecto de saúde física e mental, seja no âmbito de carreira e objetivos gerais.

Estou sem energia, será que estou doente? Oito doenças que podem estar minando a sua energia

Hipotireoidismo

- **O que é?**

É uma doença que tem origem na glândula tireoide, que produz os hormônios tiroidianos. Quando ela é afetada, menor quantidade de hormônios é liberada no sangue. Já que essa glândula é responsável pelas substâncias que controlam a velocidade das reações metabólicas, quando ela está doente e produzindo menos, o metabolismo fica mais lento, propiciando uma entrega de energia final deficiente.

- **Quais os principais sintomas?**

Fadiga, dificuldade de fazer atividades físicas, ganho de peso, sonolência excessiva, constipação intestinal, queda de cabelo, inchaço, disfunção sexual, menstruação irregular, pensamento lento, dificuldade de concentração.

- **Como fazer o diagnóstico e tratamento?**

Você deve procurar um médico, o especialista para esse tipo de doença é o endocrinologista, mas para um exame inicial pode ser um clínico geral, ginecologista (é mais frequente em mulheres), geriatra ou nutrólogo. O médico lhe pedirá exames de sangue e provavelmente ultrassonografia da tireoide. O tratamento geralmente se baseia na reposição dos hormônios deficientes e alguns cuidados alimentares devem ser respeitados, a medicação é tomada em jejum. O consumo excessivo de soja e derivados, assim como algumas verduras cruas, como o repolho, brócolis, couve, couve-flor e espinafre devem ser evitados.

Observação: É muito comum portadores de hipotireoidismo chegarem no consultório e colocarem a culpa do excesso de peso ou dificuldade em emagrecer no fato de possuírem essa doença, mas se ela está sendo bem acompanhada, com o tratamento correto e os níveis de hormônios equilibrados, o acúmulo de gordura já não é mais por conta do hipotireoidismo. É necessário que se avalie outras questões, ao invés de usar a doença como desculpa.

Diabetes tipo 2

- **O que é?**

É o acúmulo de glicose no sangue pela incapacidade do pâncreas em produzir insulina ou pela ação ineficiente desse hormônio produzido por ele. É uma doença mais frequente em pessoas acima dos 40 anos, mas tem aumentado a cada dia em população mais jovem, pois é uma doença intimamente relacionada ao estilo de vida. Obesidade, consumo excessivo de açúcares/carboidratos refinados (com alto Índice Glicêmico) e o sedentarismo aumentam o risco para o desenvolvimento dessa desordem.

Muita gente tem dificuldade de entender porque a glicose em acúmulo no sangue pode ser tão grave. Bem, para começar, porque ela permanece no lugar errado: depois que digerimos o alimento a glicose vai para a corrente sanguínea e depois deveria entrar na célula, para exercer sua função de combustível para produção de energia. Quando se tem diabetes é como se estivéssemos andando com a gasolina em um galão no banco de trás do carro. Está dentro do carro, mas não no lugar certo para fazer o motor funcionar, entendeu? E, em segundo lugar, quando os níveis de glicose sobem demais no sangue, pode deixá-lo ácido, levando a uma condição clínica que chamamos de cetoacidose diabética, que em casos mais graves pode levar ao coma e à morte.

- **Quais os principais sintomas?**

Quando ainda não se tem o diagnóstico e o tratamento não foi iniciado, os sintomas mais frequentes são: sede intensa, perda de peso, aumento de apetite, cansaço, fraqueza muscular e urina em excesso.

- **Como fazer o diagnóstico e tratamento?**

Você deve procurar um médico, o especialista para esse tipo de doença é o endocrinologista, mas um exame inicial pode ser requisitado por um clínico geral, geriatra ou nutrólogo. O médico lhe pedirá exames de sangue. O tratamento geralmente se baseia em remédios que ajudam a insulina a performar melhor. Em alguns casos mais evoluídos é necessário o uso de insulina injetável. E nessa doença o apoio de um plano alimentar é fundamental, evitando-se o consumo de açúcares e carboidratos refinados. Fazer atividade física é mandatório.

Anemia ferropriva

- **O que é?**

É a produção deficiente de glóbulos vermelhos (hemácias) no sangue devido à falta de ferro no organismo. Como essas células são responsáveis por distribuir o sangue oxigenado no nosso corpo – o oxigênio é fundamental para a disponibilização de energia através das reações metabólicas –, se temos pouco transportador desse gás, consequentemente teremos pouca energia disponibilizada para o organismo.

- **Quais os principais sintomas?**

Fadiga, cansaço, dificuldade de aprendizado e concentração, mal-estar geral, tonturas (principalmente em esforços físicos), dor de cabeça, irritabilidade, queda de cabelo e unhas quebradiças.

- **Como fazer o diagnóstico e tratamento?**

O diagnóstico pode ser feito através de uma consulta com um clínico geral, se ele achar necessário pode encaminhar você para outro especialista, como hematologista, nutrólogo ou nutricionista. A anemia é confirmada por exames de sangue que medem os níveis de glóbulos vermelhos e a quantidade e depósito de ferro no organismo. Mas é fundamental saber porque o ferro está deficiente, se é por uma deficiência no consumo de alimentos ricos em ferro, ou se é por má absorção desse nutriente, o que pode acontecer em casos de doenças inflamatórias intestinais ou por perda de sangue, em casos de fluxos menstruais intensos, por exemplo.

O tratamento se baseia na reposição de ferro e eliminação da causa de base, se este for o caso. Aqui, o apoio da alimentação também é indispensável. Como já comentado anteriormente, as melhores fontes de ferro para o organismo vêm de origem animal, como carnes vermelhas e vísceras, mas você também pode obtê-lo através de fontes vegetais como o feijão e vegetais verde-escuros. Não esqueça de acrescentar uma fonte de vitamina C, como a laranja (pedaços ou suco), para auxiliar na absorção do ferro; e evite consumir alimentos lácteos (leite, iogurtes, queijo) junto ou imediatamente antes ou após a ingestão de alimentos ricos em ferro, para não prejudicar esse processo.

Depressão

- **O que é?**

É um distúrbio da mente caracterizado pela perda do interesse em atividades, geralmente com tristeza profunda, e que prejudica significativamente a rotina do dia a dia.

- **Quais os principais sintomas?**

Ansiedade, descontentamento geral, solidão, tédio, sofrimento emocional, insônia ou sonolência intensa, apatia, falta de concentração, lentidão, pensamentos destrutivos, choro fácil, alguns casos extremos podem apresentar pensamentos suicidas e automutilação.

- **Como fazer o diagnóstico e tratamento?**

O diagnóstico é clínico, sem necessidade de exames complementares, deve ser realizado por um psiquiatra ou um psicólogo e o tratamento se baseia em psicoterapia e uso de medicamentos antidepressivos (dependendo da avaliação médica). A prática de atividades físicas é muito importante, pois ajuda a melhorar a produção de neurotransmissores que dão sensação de prazer e bem-estar. O apoio de uma boa base alimentar é de fundamental importância no tratamento e prevenção dessa doença, pois vários estudos já relacionaram a deficiência de alguns nutrientes ao desenvolvimento ou piora do quadro depressivo. São eles: ômega 3, vitamina D, zinco, selênio, magnésio e ferro. Então, inclua sempre na sua dieta alimentos ricos nesses nutrientes, como: peixes, oleaginosas (castanhas), vegetais verdes, cereais integrais, ovos, carnes, banana e grãos.

Fibromialgia

- **O que é?**

É uma síndrome dolorosa reumatológica que provoca uma tensão muscular generalizada, causando dores musculares e nos tecidos fibrosos (tendões e ligamentos), de forma crônica. É frequentemente associada a estados depressivos, doenças autoimunes e stress grave prolongado.

- **Quais os principais sintomas?**

Fadiga, distúrbios do sono, rigidez de articulações pela manhã, dor generalizada, parestesia (dormência) nos membros, problemas de concentração e memória, sensação de inchaço, dor muscular.

- **Como fazer o diagnóstico e tratamento?**

O diagnóstico deve ser realizado por um reumatologista, feito através de um exame físico detalhado e história clínica; exames de imagens podem ser pedidos, mas somente para excluir outras patologias. O tratamento é multiterapia, podendo contar com o uso de medicações analgésicas, relaxantes musculares, antidepressivos, anti-inflamatórios, além da utilização de psicoterapia, fisioterapia e terapia ocupacional, se necessário. A prática de atividade física é importante para aumentar a produção de endorfinas (analgésicos naturais), serotonina e dopamina. A alimentação pode ser um grande aliado no combate às dores. Evitar bebidas estimulantes com cafeína após às 18 horas é importante para não desregular o sono; já o consumo de alimentos ricos em antioxidantes e anti-inflamatórios é interessante, tais como: açafrão, frutas vermelhas, linhaça, peixe, azeite de oliva, sálvia e suco de uva integral.

Apneia do sono

- **O que é?**

É um distúrbio do sono caracterizado por interrupções na respiração e queda da oxigenação do sangue, que leva a vários despertares noturnos, não permitindo que o sono seja reparador. Está associada ao risco elevado de desenvolver doenças cardiovasculares, como o infarto. A apneia pode estar acontecendo por causas obstrutivas (aumento das adenoides ou amígdalas, por exemplo) ou por consequência de obesidade, uso excessivo de álcool, abuso de medicações sedativas ou tabagismo.

- **Quais os principais sintomas?**

Roncos, dor de cabeça pela manhã, dificuldade de concentração, respiração ofegante, sono agitado, sensação de engasgo ao dormir, sonolência durante o dia, fadiga, cansaço.

- **Como fazer o diagnóstico e tratamento?**

O diagnóstico pode ser feito por um médico especialista, como neurologista, geriatra, otorrinolaringologista, pneumologista, nutrólogo ou até mesmo um clínico geral; a confirmação da doença se dá, basicamente, através de um exame chamado polissonografia. O tratamento está na eliminação da causa (exemplo: perda de peso, cessar o tabagismo, fazer cirurgia da alteração anatômica presente). E também há aparelhos que ajudam a melhorar a qualidade da passagem de ar pelo nariz até a chegada aos pulmões e favorecem consideravelmente a qualidade do sono.

Deficiência de vitaminas

- **O que é?**

É quando os níveis de vitaminas no organismo estão diminuídos.

- **Quais os principais sintomas?**

Os sintomas são variáveis, de acordo com o tipo de vitamina deficiente, por isso, fiz um quadro com as deficiências mais frequentes encontradas.

- **Como fazer o diagnóstico e tratamento?**

O diagnóstico pode ser feito por um nutricionista, médicos especialistas e clínico geral, por sinais clínicos e exames laboratoriais. O tratamento se baseia, normalmente, em fazer um ajuste alimentar com alimentos ricos nos nutrientes que estão com os níveis deficientes. E em alguns casos há a necessidade de reposição através de suplementos e medicações.

Vitamina	Sinais e sintomas da deficiência	Fontes
Vitamina B12	Adormecimento e pontadas nas mãos, pernas ou pés Dificuldades cognitivas e perda de memória Anemia Inchaço ou inflamação da língua Icterícia (pele amarelada) Fraqueza Paranoia e alucinações Falta de equilíbrio Perda de visão (casos mais graves)	Fígado Carne bovina Cordeiro Frutos do mar Frango Peixes gordurosos - atum, cavalinha, salmão Leites e derivados Algas marinhas Ovos Levedo de cerveja
Vitamina C	Fraqueza muscular Fadiga Pele seca Cabelo ressecado ou quebradiço Sangramento nas gengivas Demora na cicatrização de feridas Problemas imunológicos - infecções recorrentes Perda de dentes (em caso graves) Sangramento nasal Hematomas	Tomate Pimentas vermelhas e amarelas Goiaba Kiwi Vegetais verde-escuros Frutas silvestres Frutas cítricas - limões, laranjas, tangerinas Repolho Couve-de-bruxelas
Vitamina D	Sobrepeso ou obesidade Depressão Dores nos ossos Baixa densidade mineral nos ossos Osteoporose Dor e fraqueza muscular	Peixes gordurosos - atum, cavalinha, sardinha, salmão e truta Fígado e outros órgãos animais Gema de ovo Cogumelos Alimentos fortificados Observação: se expor à luz solar para transformar na forma ativa
Vitamina E	Fadiga Fragilidade das unhas Fraqueza muscular Problemas de fertilidade Dificuldades cognitivas Problemas de cicatrização Cãibras nas pernas Perda de memória Diminuição da libido	Folhas verdes-escuras Nozes e sementes Abacate Frutos do mar Óleos vegetais Kiwi Amendoim Amêndoas

Intolerância alimentar

- **O que é?**

É uma reação de sensibilidade do organismo, causada por alguns alimentos ou substâncias encontradas neles. O corpo não consegue fazer a digestão adequada desse alimento, provocando problemas de saúde e mal-estar. Normalmente, essa resposta é lenta, podendo não se manifestar com sintomas visíveis e claros. Diferentemente das reações alérgicas, que são imediatas e, muitas vezes, intensas.

- **Quais os principais sintomas?**

Os sintomas, geralmente, envolvem o sistema gastrointestinal. Como esse alimento já não consegue ser digerido localmente, causa uma reação inflamatória com edema (inchaço) da mucosa intestinal, levando a sintomas como: dor abdominal, flatulência, distensão abdominal, refluxo, náuseas, constipação e diarreia. Mas também pode evoluir com manifestação sistêmica, como dores articulares, edemas generalizados, dores de cabeça, fadiga crônica e sintomas depressivos. Ainda, como há uma superestimulação do sistema autoimune provocada pela inflamação repetida, pode haver infecções recorrentes, como as urinárias, candidíase e ativar doenças autoimunes de pele.

- **Como fazer o diagnóstico e tratamento?**

O diagnóstico pode ser feito por um nutricionista, médicos especialistas e clínico geral, por sinais clínicos e exames laboratoriais. O tratamento se baseia na retirada dos alimentos que não são tolerados pelo organismo por um período de 8 a 12 semanas, dando o tempo para o corpo se desintoxicar, e depois fazer a reintrodução aos poucos, para avaliar o grau de tolerância.

Observação 1: A saúde do intestino é fundamental para o bom funcionamento cerebral. Inúmeros estudos mostram a relação entre uma boa microbiota intestinal e funções cognitivas; muitos autores chegam até a chamar o intestino de segundo cérebro. Como as intolerâncias atacam principalmente o sistema gastrointestinal, é fundamental fazer uma investigação dos alimentos que são tolerados ou não pelo organismo.

Observação 2: Existe um grupo de alimentos chamados FODMAPs (do inglês: *fermentable oligo-di-monosaccharides and polyols*), que são alimentos que possuem carboidratos de rápida fermentação. Frequentemente, eles podem não ser bem absorvidos pela mucosa intestinal, causando irritação, inflamação e sintomas intestinais semelhantes à intolerância alimentar. Então, é prudente conhecê-los e, se você tem esses sintomas, tentar retirá-los da sua alimentação por algumas semanas, para ver como se sente:

Tipos de FODMAP	Onde encontrar?
Monossacarídeos (frutose)	Xarope de milho, mel, néctar de agave, maçã, pera, manga, aspargos, cereja, melancia, sucos de frutas, ervilha
Dissacarídeos (lactose)	Leite de vaca, leite de cabra, leite de ovelha, sorverte, iogurte, nata, creme de leite, queijo ricota e cottage
Oligossacarídeos 1	Cebola, alho, alho-poró, trigo, cuscuz, farinha, massa, centeio, caqui, melancia, chicória, dente-de-leão, alcachofra, beterraba, aspargos, cenoura vermelha, quiabo, chicória com folhas vermelhas, couve
Oligossacarídeos 2	Lentilhas e grãos-de-bico que não foram enlatados, grãos enlatados, feijão, ervilha, grãos integrais de soja
Polióis	Xilitol, manitol, sorbitol, glicerina, maçã, damasco, pêssego, nectarina, pera, ameixa, cereja, abacate, amora, lichia, couve-flor, cogumelos

Como está seu nível de irritação?

"Sábio é o ser humano que tem coragem de ir diante do espelho da sua alma para reconhecer seus erros e fracassos e utilizá-los para plantar as mais belas sementes no terreno de sua inteligência."

Augusto Cury

Você precisa avaliar as suas atitudes e pensamentos nas situações adversas e de estresse. Lembre-se de como você costuma reagir e se sentir quando as coisas não acontecem exatamente como você espera. Vasculhe na sua cabeça alguns desses momentos, reflita e analise como foi a sua postura: Você lidou bem com a situação? Como você se sentiu depois? Bem ou mal?

Para lhe ajudar nessa avaliação, formulei algumas perguntas e quero que nesse momento você vá para um lugar tranquilo, onde ninguém possa lhe interromper, e responda mentalmente às questões a seguir, seja o mais honesto e sincero possível, essa é uma conversa que você precisa ter consigo mesmo. Essa fase é importante para seu autoconhecimento.

Tem dificuldade em admitir que está errado?

( ) sim   ( ) não

Acha que os fins justificam os meios? Não se importando em ser um pouco mal-educado e incisivo para conseguir o que quer?

( ) sim   ( ) não

Altera (para mais) o tom de voz durante uma discussão?

( ) sim   ( ) não

Estar sempre no controle é importante para você?

( ) sim   ( ) não

Sente-se mal em perder uma briga?

( ) sim   ( ) não

Durante uma conversa ou discussão que para você é entediante, costuma completar as frases das outras pessoas?

( ) sim ( ) não

Quando pensa que está com a razão em um determinado assunto, luta até o fim para conseguir impor sua opinião?

( ) sim ( ) não

Se você respondeu "sim" para a maioria das perguntas, existe uma grande chance de que seu comportamento seja do tipo: "tanque de guerra", "rolo compressor" ou "à prova de balas". Essas denominações variam de autores para autores (eu chamo de "trator"), mas no fim, todas têm o mesmo sentido: são aquelas pessoas que em determinadas situações, em especial as de estresse, são agressivas, rudes e escandalosas. Por acharem que os fins justificam os meios impõem suas ideias de forma abusiva e intimidadora.

A pessoa com esse perfil de comportamento é aquela que você vê dando escândalo na fila do supermercado, do banco, no metrô, enfim, em qualquer lugar. Tenho certeza que nesse momento passou a imagem de um pitizento pela sua cabeça.

Então, pense em alguma vez em que você presenciou uma situação dessas (alguém "rodando a baiana" em algum lugar). Lembre-se de toda a cena que viu, as pessoas ao redor, o lugar, os motivos (se é que você pôde entender o motivo do piti).

Agora tente lembrar o que você achou daquela atitude, do comportamento daquele indivíduo e de como as pessoas que estavam por perto reagiram. Foi positivo? Você achou aquela atitude legal? A pessoas aprovaram? Ou, por algum momento você pensou: "*Nossa que loucura! Que escândalo é esse*?" Aposto que sim! Assim como algo parecido com isso passou pela sua cabeça, posso garantir que passou pelo pensamento das outras pessoas que estavam naquele lugar também.

Em geral, desaprovamos comportamentos escandalosos, achamos deselegantes, pouco educados, não gostamos de presenciar discussões e brigas. Portanto, não seja esse tipo de pessoa que você não aprova! Aliás, que ninguém aprova!

Não estou dizendo para você ir para o outro extremo e ter o tipo de comportamento "nada", no qual a pessoa não reage a nenhuma situação. Você tem o direito e o dever de negociar suas ideias. Veja bem: falei negociar, não impor. Pois esse é o melhor caminho para você chegar onde quer: negociando! Desse jeito, você consegue propor suas ideias e sugestões e chegar de forma educada e elegante a um resultado comum entre as partes envolvidas.

Costumo falar que quando você reage mal durante uma discussão, alterando o tom de voz, sendo exaltada e passando dos limites, você entrega de bandeja a sua razão para o lado oposto. Então, por mais que você esteja coberta de razão e com todas as cartas na manga a seu favor, se você dá piti, as pessoas não conseguem focar nos seus argumentos, apenas no seu mau comportamento. E essa atitude diminui fortemente as chances de você ser bem-sucedido nessa situação.

Voltando um pouco à questão de avaliar seus comportamentos e reações às situações de estresse, você já fez a primeira parte que foi se autoavaliar. Mas não para por aí, pois temos a péssima mania de não nos enxergarmos direito, temos uma tendência a minimizar as coisas erradas que fazemos e sempre colocarmos os motivos para justificar os meios.

Tome como exemplo o último relacionamento desastroso no qual você se meteu. Garanto que seus amigos já tentavam alertar que sua relação estava fadada ao fracasso, que vocês não se davam tão bem assim, que brigavam por motivos fúteis, que não se respeitavam, ou que ele já não gostava de você tanto assim e que não lhe dava a atenção que você merecia... coisas desse tipo. Mas você levou semanas ou meses para perceber o que eles já sabiam há tempos!

Isso é muito comum, quando estamos extremamente envolvidos em alguma situação, temos dificuldades de avaliá-la sozinhos, sempre precisamos de um olhar de fora. O mesmo se aplica a nós mesmos e nossas atitudes: colocamos uma barreira na nossa avaliação e ela costuma não ser tão verdadeira assim.

Por esse motivo, você precisa passar para a segunda parte: peça para uma amiga ou amigo muito próximo responder aquela mesma lista de perguntinhas lá de cima sobre você, e compare as respostas. Sugiro que você opte por um amigo, homens são mais francos quando se trata de sentimentos e opiniões, o funcionamento cerebral deles é diferente do feminino e não se importam muito em filtrar a verdade. Uma amiga, nesse momento, vai ter uma tendência muito grande a omitir ou minimizar as opiniões, tentando não lhe magoar. Porque realmente não é fácil apontar os defeitos de alguém que a gente gosta, mas lembre-se de que isso é necessário! Portanto, livre-se de toda a emoção que puder nessa hora e não leve as respostas para o lado pessoal, você precisa dessa opinião e o melhor é que ela seja verdadeira, pois disso depende o seu crescimento.

Não se limite apenas a uma opinião, quanto mais, melhor. Repita essas mesmas perguntas para todos os amigos que você tem intimidade. Explique o porquê dessas questões e peça para eles manterem a sinceridade e esteja aberto para ouvir e assimilar tudo que vier.

Conhecer a si próprio é importante, mudar de atitude é mais importante ainda. Se você chegou à conclusão que é um pitizento, mude e conquiste o mundo!

Para você entender os benefícios da mudança, vou lhe contar outra história: Sara é uma moça jovem, bonita, muito bem vestida e elegante. Um dia, ela foi fazer compras no centro de São Paulo, estacionou seu belo carro em um lugar privado, entregou as chaves para o manobrista e foi às compras! Conseguiu achar tudo o que queria, com excelentes preços, estava feliz por ter concluído sua missão com sucesso.

Voltou para o estacionamento e aguardou o manobrista lhe entregar o carro novamente. Ao entrar no carro para sair daquele lugar, ela estava radiante, se sentindo muito bem pelas suas recentes aquisições e pelos ótimos negócios que tinha realizado.

Ao começar a manobrar o carro começou a ter dificuldades, pois outro veículo estava muito próximo ao seu. Pediu ajuda ao manobrista para guiá-la, o rapaz se aproximou do carro fazendo piadas grosseiras sobre a incapacidade feminina de dirigir e se comportou muito mal, isso irritou profundamente Sara, que desceu do carro e entrou numa discussão com o funcionário, alterando o tom de voz e até fazendo alguns xingamentos e gestos mal-educados, ou seja, deu um enorme piti. Todos que estavam naquele lugar riram de Sara e de sua má postura e não conseguiam dar razão a ela, que tinha sido maltratada, a princípio, pelo funcionário. E quando ela deixou aquele lugar, toda alegria por suas compras tinha ido embora, Sara só conseguia sentir raiva e arrependimento por ter sido tão deselegante. E o restante do dia que iniciou tão feliz foi destruído por sentimentos ruins e a lembrança daquela situação estressante em que ela saiu do salto. Além de ter tido enxaqueca até o dia seguinte.

Sara remoeu aquele momento por vários dias e notou o quanto se sentiu mal pela sua reação e decidiu que não iria mais agir assim.

Meses depois, ela viveu uma nova situação de estresse, foi maltratada por outro prestador de serviços, mas dessa vez, apesar da irritação, reagiu bem e com educação, colocou suas opiniões e insatisfações de forma tranquila, em tom de voz baixo, não prolongou a discussão, e soube controlar sua raiva. Meia hora depois daquela situação já estava recuperada! E o melhor, foi atendida em sua solicitação.

Sara não deixou de se indignar pelo mau tratamento, a diferença foi na forma como reagiu e negociou suas ideias, conseguiu o que queria e precisava, sem ter que dar piti, e foi muito bem-sucedida. Se tivesse agido como na situação anterior, é muito provável que passaria mais alguns dias alimentando sentimentos de raiva. E não teria conseguido o que queria.

O que podemos concluir dessa história? Que brigar e gritar não trazem benefícios, muito pelo contrário. Como podemos ver no exemplo de Sara, quando ela reagiu mal, ficou alimentando sentimentos ruins por dias, além de ter tido dor de cabeça (um comprometimento físico também). Já na situação em que ela negociou com elegância suas indignações, saiu-se muito melhor, conseguiu o que queria e em poucos minutos a raiva se dissipou.

Se você reconheceu que é um pitizento e que precisa mudar, monte a sua estratégia, escolha como você vai fazer isso e por onde vai começar: no trabalho, na faculdade ou em casa, não importa, apenas comece. Ao vivenciar situações de estresse tente se controlar e não entre na briga. Porque a próxima etapa é manter essa posição e você terá várias recaídas até encontrar o caminho certo, mas o importante é que continue tentando.

Consequências do cortisol elevado

Vimos que o cortisol é um hormônio de proteção do organismo, ele tem função de catabolizar reservas e liberar energia para o corpo em situações de privação. Relembrando o ciclo fisiológico do cortisol: todos os dias pela manhã, ainda em jejum, ele se eleva, para poder disponibilizar energia suficiente para você se levantar da cama e fazer suas tarefas diárias. E ainda age em momentos de estresse para desviar energia para o sistema muscular e aumenta a pressão arterial para dar condições físicas de defesa, a famosa "fuga ou luta". Uma defesa totalmente evolutiva, se compararmos aos tempos em que precisávamos enfrentar leões da montanha. Hoje, porém, os nossos "leões" do dia a dia são muito diferentes: ficar horas inesperadas sem comer por uma reunião tensa no trabalho, ou uma briga no trânsito, ou olhar o saldo da conta bancária etc. E assim esse hormônio de defesa, a princípio um bom moço, vai se perpetuando elevado cronicamente, e quando isso acontece o impacto no organismo não é positivo.

Seja por estímulo alimentar, com períodos de jejum prolongado ou alimentação excessiva em carboidratos refinados e de alto Índice Glicêmico, seja por estímulo de estresse físico/emocional, quando o cortisol se eleva muitas vezes e por longos períodos, há consequências graves para o corpo e mente, descritas em literatura médica, como:

- Pressão arterial elevada;
- Hiperglicemia;
- Queda da imunidade;
- Dificuldade de cicatrização;
- Irritabilidade;
- Estrias;
- Osteoporose;
- Diminuição na qualidade do sono;
- Edemas em diversas partes do corpo (inchaço);
- Perda de massa muscular;
- Queda de cabelo;
- Depósito de gordura abdominal;
- Aumento do risco de desenvolvimento de doenças cardiovasculares;
- Queda nos níveis de testosterona;
- Impotência sexual;
- Irregularidade menstrual;
- Inibição da ação da insulina (aumentando o risco de diabetes tipo 2);
- Diminuição da serotonina (propiciando estados de ansiedade);
- Depressão;
- Destruição de neurônios (maior risco de desenvolvimento de demências precocemente).

Se você se encontra em alguma dessas situações descritas acima, é importante procurar por uma avaliação médica, descrever o que sente e verificar se seus sintomas são devido à elevação dos níveis de cortisol. Assim, é possível tratar a causa e, principalmente, evitar que as consequências se agravem mais ainda.

Como está seu peso corporal

Como descobrir se estou fora do peso ideal? O cálculo mais fácil, simples e sem custos para saber essa resposta pode ser feito usando papel e caneta, ou melhor: a calculadora do seu celular! Chama-se **Índice de Massa Corporal** (IMC). É um cálculo matemático que leva em conta a relação do seu peso com sua área corporal, obtido através de uma conta: IMC = Peso Corporal / Altura x Altura (em metros). Veja, abaixo, um exemplo para uma pessoa que pesa 62 kg e tem 1,66 m de altura:

IMC = peso / (altura x altura)

= 62 / (1,66 x 1,66)

= 62 / 2,7556

IMC = 22,49

O cálculo do IMC para essa pessoa foi de 22,49 kg/m. O que significa esse número? Agora precisamos colocar o resultado em uma tabela de classificação e ver em qual linha de diagnóstico nutricional esse número se encontra:

IMC	Classificação
< 18,5	Abaixo do Peso
18,5 - 24,9	Peso Normal
25 - 29,9	Sobrepeso
30 - 34,9	Obesidade I
35 - 39,9	Obesidade II
≥ 40	Obesidade III

No caso do nosso exemplo, você pode ver que o resultado se encontra dentro da faixa de normalidade. Esse método de avaliação costuma ser criticado por algumas pessoas, porque não leva em consideração a composição corporal, o que é parcialmente verdadeiro. Na grande maioria dos casos, o índice costuma ser bem assertivo, tanto que é base de diversos estudos populacionais e serve como um dos pontos de base para o desenvolvimento de políticas e estratégias populacionais de alimentação, assim como é um preditor reconhecido mundialmente para risco de doenças associadas. Mas caso você queira reduzir a margem de erro desse marcador, basta acrescentar a medida de circunferência abdominal, outro preditor importante de risco no mundo científico sério. O lugar certo para passar a fita métrica é dois dedos acima da cicatriz umbilical, faça isso e compare com as medidas abaixo:

Risco de complicações metabólicas X Circunferência abdominal (cm)		
	Risco	Risco aumentado
Mulheres	≥ 80	≥ 88
Homens	≥ 94	≥ 102

Caso queira ser mais e mais específico, procure um médico ou um nutricionista e peça para fazer exames de composição corporal como: bioimpedância, ultrassonografia ou densitometria corporal. Mas para você realmente achar que seu sobrepeso é por culpa de excesso de músculos você precisa estar evidentemente "malhado", pois a diferença do volume do tecido de gordura para o de tecido muscular é imensa. O músculo, por ser mais denso, tem um volume bem menor do que a gordura, veja na figura:

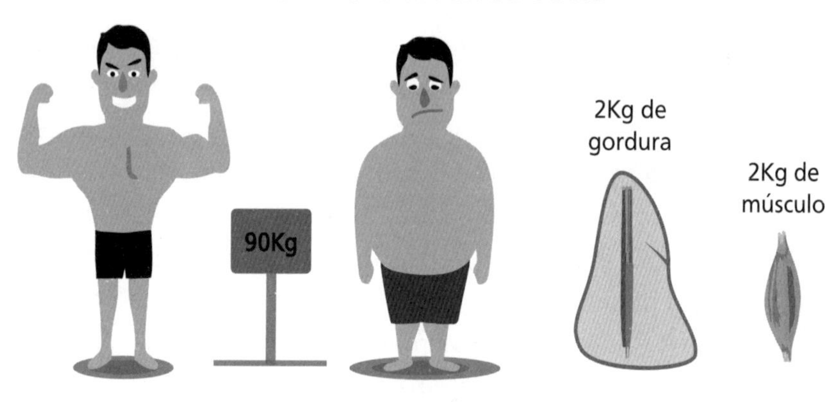

Vamos ver se você anda dormindo bem

Um sono reparador é essencial para um dia cheio de energia. E como está a qualidade do seu sono? Responda às perguntas abaixo:

Sempre acorda mais cansado do que foi dormir?

( ) sim ( ) não

Acorda várias vezes durante noite?

( ) sim ( ) não

Tem dificuldade para iniciar o sono?

( ) sim ( ) não

Sofre de insônia constantemente?

( ) sim ( ) não

Acorda no meio da noite e não consegue mais dormir?

( ) sim ( ) não

Precisa frequentemente recorrer a medicamentos para conseguir dormir?

( ) sim ( ) não

Tem apneia do sono?

( ) sim ( ) não

Se você respondeu "sim" a duas ou mais perguntas, você realmente está com problemas para ter um sono reparador, é preciso avaliar os fatores que o levam a não conseguir dormir adequadamente, e corrigi-los. Noites e noites de sono mal dormidas estimulam a elevação crônica de cortisol (já vimos quais são os vários efeitos deletérios), além de prejudicarem intensamente sua capacidade produtiva. Resolva isso e, se precisar, busque ajuda!

Você anda usando a comida como recompensa?

Quando estamos nos sentindo ansiosos, agitados ou de humor depressivo, é bem possível que o cérebro esteja passando por uma privação de neurotransmissores de bem-estar, e entre eles está a dopamina, que é chamada de neurotransmissor da recompensa. Quando ela está em níveis baixos, seu cérebro tenta equilibrá-la e estimula você a buscar meios de aumentar os níveis dessa substância. E é aí que está o problema! Um dos jeitos mais rápidos e eficientes de conseguir elevar a dopamina é através de comida de qualidade ruim, geralmente cheia de açúcares ou carboidratos refinados. Por conta dos picos glicêmicos, esses alimentos estimulam a produção rápida de dopamina, mas também rapidamente promovem a queda desses níveis, causando um ciclo de necessidade de recompensa.

Quando comemos por recompensa, nos minutos seguintes ao consumo do alimento ruim, quando o efeito fugaz já foi embora, é comum nos sentirmos arrependidos de ter consumido aquela comida ou bebida. Por que isso é tão ruim? Primeiro, porque os alimentos que causam esse "tapa buraco" rápido de dopamina são alimentos de qualidade nutricional ruim, gerando todas as consequências desse consumo, como reações inflamatórias, excesso de peso e deficiências nutricionais. Segundo, por conta do motivo. Geralmente, quando se usa comida como recompensa é porque algo está errado na nossa vida. Comer mal nutricionalmente, eventualmente, não é pecado, mas se você faz isso regularmente para suprir uma necessidade emocional, aí sim temos um problema enorme, porque a comida não vai resolver a questão e ainda pode gerar consequências sérias para sua saúde física e mental.

Vamos ver se você está usando a comida / bebida como recompensa? Responda às questões abaixo, quando eu falar "comida recompensa" entenda que pode ser: doces, sorvete, biscoitos, salgadinhos, fast foods, bebidas alcoólicas ou qualquer outro alimento que você use para se sentir melhor emocionalmente.

Quando você se sente ansioso recorre à comida recompensa?

( ) sim   ( ) não

Quando está com humor deprimido costuma consumir comida recompensa?

( ) sim   ( ) não

No fim do dia quando chega em casa, olha para a comida recompensa e pensa / fala: *"Eu mereço! Meu dia foi 'daqueles' hoje!"*?

( ) sim   ( ) não

Sente necessidade de comida recompensa em algumas horas do dia para se sentir melhor?

( ) sim   ( ) não

Sente culpa depois de comer alimentos não saudáveis, quando busca conforto na comida?

( ) sim   ( ) não

Chega a comer, mesmo sem fome, em dias estressantes?

( ) sim   ( ) não

"Assalta" a geladeira durante a madrugada quando perde o sono?

( ) sim   ( ) não

Se você respondeu "sim" a duas ou mais perguntas está usando comida como recompensa e precisa parar esse ciclo, senão colherá frutos ruins no futuro. Há outros meios de produzir dopamina de forma mais saudável e persistente. Praticar atividade física regular melhora os níveis desse neurotransmissor e alguns alimentos saudáveis também estimulam uma produção adequada, como: frango, frutos do mar, ovos, feijão, castanhas e derivados do leite.

Qual alimento está atrapalhando sua produtividade?

Muitas vezes um alimento errado ou na hora errada do dia pode estar acabando com sua produtividade. Os maiores vilões, nesse aspecto, são os alimentos de alto Índice Glicêmico, devido aos picos de glicemia e hipoglicemia reacional que eles causam quando são consumidos em grande quantidade ou em horários inadequados do dia (entre as refeições maiores). Mas, também, há outros alimentos que podem estar afetando sua produtividade, como por exemplo, aqueles que eventualmente você pode ser intolerante.

Como você pode descobrir isso? Um jeito fácil de entender como seu corpo está reagindo ao alimento é fazer um diário alimentar, associado a uma avaliação da sua disposição no momento e observar os sinais do seu corpo, como dor de cabeça, desconforto abdominal ou qualquer outro mal-estar. Vou deixar um exemplo prático de como você pode montar a planilha e organizar esses dados. Faça isso por uns 8 ou 10 dias seguidos, entenda como você se sente com cada alimentação, observe suas horas de sono e qualidade, assim como está se alimentando (horários e quantidades). Após esse período, você conseguirá correlacionar quais alimentos podem estar afetando sua energia e disposição e atrapalhando seu sono e sua produtividade. Retire-os da sua rotina por um tempo. Observe também se está consumindo alimentos de alto IG em períodos isolados do dia (lanches) e, se tiver, associe com alimentos de baixo IG. Ajustando esses pontos, refaça o diário e compare com o anterior para ver se está se sentindo melhor.

Veja na próxima página o exemplo de planilha:

Data	Hora que acordou	Hora que foi dormir na noite anterior	Qualidade do sono	Observações
16/jun	7h	22h	Ruim	Ansioso com o trabalho
Hora	**Local**	**Alimento**	**Disposição**	**Observações**
8h	Casa	1 xícara de café com leite + 1 pão com manteiga + 1 fatia de mamão	Cansado	Um pouco de dor de cabeça
13h	Trabalho	5 colheres de arroz branco + 2 colheres de purê de batata + 1 bife de carne vermelha grelhado + 1 fatia de bolo brigadeiro + 1 lata de refrigerante	Sonolento	Estava com muita fome
14h	Trabalho	1 xícara de café com leite + 1 colher de açúcar	Muito sonolento	Cólica abdominal e gazes
15h30	Trabalho	1 xícara de café com leite + 1 colher de açúcar	Sonolento novamente	O efeito do café durou 1 hora

Utilize esta para as suas anotações:

Data	Hora que acordou	Hora que dormiu na noite anterior	Qualidade do sono	Observações
Hora	**Local**	**Alimento**	**Disposição**	**Observações**

capítulo 10

2º A: Arquitetar o plano

"A maioria das pessoas não planeja fracassar, fracassa por não planejar."

John L. Beckleyon

Descartar causas orgânicas (doenças)

No capítulo anterior eu apresentei muito material para pensar, avaliar e perceber quais problemas podem estar acontecendo com você e sugando suas energias. Mas, um passo mais do que importante, diria que até imprescindível, é você não parar nesse autodiagnóstico e marcar uma avaliação de um profissional médico, nutricionista ou psicólogo (todos ou qualquer outro que você julgar necessário), para descartar causas orgânicas do seu cansaço e indisposição recorrente. O que seriam causas orgânicas? São doenças de fato, podem estar entre aquelas que citei anteriormente ou diversas outras, por isso, não fique apenas no seu autojulgamento, peça opinião para um profissional competente, faça exames e realmente afaste a hipótese que algo físico ou mental esteja lhe causando fadiga.

Então, como isso é tão importante, quero que você pare essa leitura agora, se for possível, agende o profissional nesse instante. Se não for possível, coloque na sua lista de tarefas pessoais e faça na primeira oportunidade; e dê um "tique" aqui no seu livro de tarefa cumprida:

☐ *Profissional agendado!*

Identificação

Identificar pessoas ao seu redor que estão no mesmo espírito é crucial para alcançar sucesso em sua jornada. Quando você fez o teste de energia logo no início do livro e leu as descrições dos níveis e animais relacionados, tenho certeza que você pensou em pessoas próximas a você que têm muita energia, e falou para si mesmo: "Fulano é Falcão!" (ou parece ser). Então, grude nessa pessoa! Converse com ela, veja o que ela faz de diferente, qual o segredo para fazer mais em menos tempo, conseguir conquistar tantas coisas? Aprenda com ela, veja o que ela faz e você não; se for replicável, incremente esse fator na sua vida também! Precisamos sempre absorver as coisas positivas das pessoas ao nosso redor. Assim como precisamos afastar quem nos puxa para trás. Do mesmo jeito que você pensou nos falcões, deve ter logo lembrado das Lesmas e Tartarugas!

Costumo falar que não há dieta detox melhor na vida, não há melhor "água com limão em jejum" para o corpo e mente do que afastar as pessoas que atrasam a nossa vida, aquelas que são Lesmas e fazem questão que você seja Lesma junto com elas. Mas você não vai permitir isso. Faça uma desintoxicação de pessoas que não acrescentam nada à sua vida.

Outro ponto importante é identificar pessoas com potencial. Compartilhe o teste, fale para os amigos, para seus familiares, colegas de trabalho e faça a "equipe Falcão", "família Falcão". Estimule quem está perto de você a mergulhar no mesmo caminho. Com companhia, com pessoas ao seu lado que tenham a mesma meta que você, vai ser muito mais fácil conquistar o sucesso no objetivo de se tornar um Falcão.

Inspiração

Conhecer histórias de celebridades Falcão vai ajudar você a se sentir inspirado em seguir o dia a dia com determinação. Muitas vezes, quando vemos uma pessoa famosa em posição confortável em sua profissão, seja atriz, ator, empresário, jogador de futebol ou modelo (ou qualquer outra profissão), pensamos que foi fácil para aquela pessoa conquistar tudo o que conseguiu: fama, dinheiro, carro do ano, viagens para lugares paradisíacos etc. Mas, muitas vezes, também não sabemos por onde ela teve que passar, quantas dores e dificuldades ela venceu para chegar onde está e atingir seus objetivos. Então vou lhe contar aqui quatro histórias para inspirar. Você também pode procurar por outras, mas o objetivo é que você se conecte à história, à pessoa, e que a experiência de vida e as conquistas dela realmente sirvam de motivação!

Sylvester Stallone

Teve uma fase na vida desse ator, antes de ser famoso, em que ele passou por uma dificuldade financeira intensa, precisou vender seus bens pessoais, os bens de sua esposa, tudo que estava ao seu alcance, até o dia que não tinha mais dinheiro para comprar seu alimento e muito menos dar comida para seu cachorro, e teve que vendê-lo também. No meio dessa situação complicada, ele assistiu a uma luta de boxe, entre dois lutadores famosos na época, o que o inspirou a escrever o roteiro de uma história, que em seu julgamento, daria um filme de cinema. Então, superconfiante, começou a bater de porta em porta de estúdios de cinema oferecendo seu roteiro. Muitos disseram não, outros ficaram em dúvida, e teve um estúdio que se interessou muito e fez uma boa oferta, de dezenas de milhares de dólares, mas não concordou com a exigência de Stallone: ele queria ser o personagem principal, ele queria estrelar o filme. O estúdio gostou do roteiro, mas não iria investir em um cara que não era ator, tinha sequela de paralisia facial e ainda falava estranho. Apesar da quantia ser quase irresistível, Stallone resistiu! Se ele não atuasse no filme com o papel que ele queria, preferia ficar com seu roteiro debaixo do braço! E assim o fez. Mas o estúdio gostou tanto da história, que acabou concordando com a exigência, mas fez uma oferta muito, muito menor do que a anterior. E assim nasceu um dos grandes sucessos do cinema mundial, ganhador de vários prêmios: Rocky Balboa! E um dos maiores atores do planeta, que estrelou diversos filmes depois desse.

Frase para inspirar:

"Lembre que a mente é o seu melhor músculo. Braços fortes podem mover rochedos, mas palavras fortes podem mover montanhas."

Sylvester Stallone

Oprah Winfrey

Hoje é uma das mulheres mais poderosas do mundo, constantemente na lista da *Forbes* entre as bilionárias na atualidade. Mas sua vida nem sempre foi flores. Teve uma infância extremamente pobre, foi violentada por seus tios e primos por cinco anos, desde os 9 anos de idade. Aos 14 anos foi morar com seu pai e teve seu primeiro filho, que nasceu morto. Foi então que começou a grande virada em sua vida: depois dessa tragédia, dedicou-se aos estudos, foi uma das melhores alunas da sua classe e até conseguiu ganhar um concurso de beleza aos 17 anos. Investiu em seus talentos de oratória e começou a participar de programas de rádio e TV, conquistando cada vez mais seu espaço no meio e chegou a comandar por muitos anos uns dos *talk shows* mais assistidos nos Estados Unidos, entrevistando celebridades como Michael Jackson, Barack Obama, Ricky Martin e Tom Cruise.

Frase para inspirar:

"Eu tenho certeza que o que focamos é no que nos tornamos. Transforme-se na mudança que você deseja ver – essas são palavras em que baseio a minha vida."

Oprah Winfrey

João Carlos Martins

É um pianista e maestro brasileiro, considerado um dos maiores intérpretes de Bach. Com 21 anos fez sua estreia no Carnegie Hall, em Nova Iorque, com lotação esgotada. Alguns anos depois, jogando futebol no Central Park, caiu sobre uma pedra e machucou o braço, causando uma lesão grave no nervo ulnar e atrofia em três dedos. Em 1970, com o problema agravado, acabou abandonando o piano por um tempo, mas insistiu no tratamento, fez muita fisioterapia e conseguiu retornar ao instrumento. Tocou por mais alguns anos e teve novamente um problema na mão que o fez parar, mas, novamente insistiu e retornou ao piano, até que anos mais tarde sofreu um assalto na Bulgária e recebeu uma pancada na cabeça. A lesão cerebral foi tão intensa, que o fez novamente interromper a carreira. Mas sempre foi insistente em retornar, mesmo sendo capaz de tocar apenas algumas músicas com a mão contraída (fechada), e para piorar sua situação como pianista, foi acometido por uma doença chamada distonia, que causa a contração involuntária dos dedos. Foi submetido há mais de 20 procedimentos cirúrgicos, negou-se a abandonar sua paixão pela música e se dedicou à regência. E retornou ao Carnegie Hall, em 2007 e 2008, naquela vez como regente. Mas sua determinação para voltar ao piano fez com que ele se submetesse a mais um procedimento cirúrgico, que o permitiu tocar com plena maestria novamente seu instrumento do coração! O maestro e pianista João Carlos Martins é um dos maiores exemplos de neuroplasticidade da história brasileira, com certeza. Ele fez seu cérebro se adaptar a todas essas situações adversas e obteve sucesso.

Frase para inspirar:

"Eu sou uma pessoa que conta a minha luta para cumprir minha missão. Ultrapassar obstáculos é um exemplo para mim e para as pessoas que põem o pé no freio na primeira adversidade."

Maestro João Carlos Martins

Anthony Robbins

Ou apenas Tony Robbins, é um dos mais respeitados profissionais da atualidade, um dos maiores influenciadores do assunto, que já fez sessões de *coach* com homens poderosos como Bill Clinton e Arnold Schwarzenegger. Mentorias com o Tony chegam a custar milhares de dólares. Mas a vida dele nem sempre teve todo esse *"glamour"*. Robbins teve uma infância pobre, tendo recebido até doações de alimentos de pessoas mais abastadas. Ele conta em um dos seus livros que chegou a estar 15 kg acima do seu peso ideal, morando em um apartamento apertado, com menos de 40 metros quadrados, sentindo-se sufocado, impotente e derrotado. Estava quebrado em termos financeiros e falido em termos emocionais, achando que a vida lhe dera a pior sorte e que não podia fazer nada para mudar. E quando estava no fundo do poço percebeu que podia, sim, mudar sua situação, mudando seu pensamento e foco para conquistar as coisas que desejava. E em menos de um ano, após ter chegado na pior situação de sua vida, perdeu 12 kg, melhorou seus ganhos financeiros, conheceu sua mulher, comprou uma casa maior e melhor. E começou a sedimentar a base para se tornar o que é hoje. Mas não foi só o poder do "pensamento positivo" que o fez conquistar tudo isso. Ele mesmo fala em seus livros e palestras que pensamento positivo sem ação, sem plano e estratégia não é suficiente para mudar sua vida.

Frase para inspirar:

"Quanto mais alto seu nível de energia, mais eficiente seu corpo. Quanto mais eficiente seu corpo, melhor você se sentirá e mais você utilizará seu talento para produzir resultados extraordinários."

Anthony Robbins

Planejar mudanças alimentares

Em um processo de mudança alimentar o planejamento é um dos pontos mais importantes. Diversos estudos sobre comportamento alimentar mostram que quando você pensa sobre a alimentação antes da refeição, as chances de escolher alimentos nutricionalmente melhores é maior; quando a escolha alimentar ocorre exatamente no momento de comer, o consumo de calorias é maior e a qualidade nutricional é pior. Pensando nisso, vamos ao que você precisa fazer na prática:

- **Fazer lista para ir ao supermercado:** Em casa você olhará para a sua despensa e verificará o que está precisando repor. Pense sempre em alimentos de melhor qualidade nutricional, tente inserir na lista aqueles que são excelentes para o bom funcionamento cerebral, como aprendemos até aqui. A prática de fazer a lista é interessante para organizar as compras e fugir das tentações das gôndolas do mercado. Você já deve ter percebido que os produtos mais industrializados são colocados na frente, mais próximos dos caixas e os frescos e saudáveis ficam mais ao fundo. Se ainda não notou, preste atenção nisso! Outra coisa fundamental é você jamais ir fazer compras alimentares com fome! Quando sentimos fome o cérebro fica desesperado por glicose e induz declaradamente você a comprar alimentos processados, industrializados e ultraprocessados, que vão disponibilizar a glicose, de qualidade ruim, mais rápido, mesmo que você não tenha intenção (consciente) de consumi-los naquele momento.
- **Fazer uma limpeza na despensa e na geladeira:** Observe com bastante critério, identifique alimentos de qualidade ruim, como embutidos, enlatados, ricos em carboidratos refinados, biscoitos recheados, bolos prontos, refrigerantes, sucos industrializados e faça uma limpeza! Esses alimentos, que chamo de "criptonitas", são os que roubam a sua energia,

sem você nem perceber. Retire do alcance dos olhos, se não está disponível com facilidade será mais difícil consumi-los. Mas não corte tudo de uma vez! Seu cérebro está acostumado com esses alimentos, se retirar tudo de uma hora para outra, vai sentir uma espécie de abstinência, então vá aos poucos, retirando uma coisa de cada vez, ou diminuindo suas quantidades a cada semana, até não sentir mais falta.

- **Fazer um cardápio semanal:** O cardápio ajuda você a organizar as escolhas alimentares da semana: você já providencia os ingredientes necessários para o preparo das refeições e diminui o risco de querer recorrer a comidas de entrega rápida e domiciliar, muitas vezes de qualidade nutricional ruim, se você já tem tudo preparado em casa.
- **Ter alimentos "coringas" em casa:** Como por exemplo um frango já pré-cozido e desfiado na geladeira, ou uma carne moída. Esses alimentos vão ajudar você a fazer outros preparos de forma mais rápida, como uma omelete ou um sanduíche saudável. E não fica todo o trabalho para uma hora só, principalmente quando essa refeição é o jantar, quando tendemos a chegar em casa mais cansados depois do trabalho e queremos algo mais fácil e rápido para comer. Organize-se no fim de semana e deixe esses alimentos já cozidos, e também aproveite para cozinhar legumes, cortar verduras e já deixar resfriados e/ou congelados.

capítulo **11**

3º A: Alimentos superpoderosos e "criptonitas"

"Sobre si mesmo, sobre seu corpo e sua mente, o indivíduo é soberano."

John Stuart Mill

Cinco nutrientes indispensáveis para melhorar o desempenho cerebral

Ferro

É responsável pela produção de glóbulos vermelhos do sangue (hemácias), que transportam o oxigênio que será usado nas reações metabólicas. Isso significa que se tiver pouco transportador, terá menos oxigênio circulante e o metabolismo fica prejudicado. O ferro ainda faz parte da bainha mielínica que reveste os neurônios e permite a boa comunicação entre eles, além de também sintetizar neurotransmissores. Sua deficiência pode causar anemias, cansaço, dificuldade de aprendizado e concentração.

Fontes: Vitela, fígado, mexilhão, ovos, cevada, grão-de-bico, feijão, vegetais verde-escuros.

Vitaminas do complexo B

São vitaminas essenciais para o bom funcionamento cerebral, agem no metabolismo da glicose, ácidos graxos (gorduras) e aminoácidos. Fazem parte da composição da bainha mielínica.

Sua deficiência pode causar fadiga, diminuição de cognição, dores neurais, depressão, insônia e irritabilidade.

Fontes: Fígado, atum, salmão, oleaginosas, levedo de cerveja, gérmen de trigo, ostra, ovos, leite e derivados.

Magnésio

Esse é um mineral importante na gestão e produção de energia cerebral e muscular, estimula a plasticidade sináptica (neuroplasticidade) e age nas funções de memória a longo e curto prazo. Sua deficiência pode trazer consequências, como atraso de aprendizado e memória e fraqueza muscular.

Fontes: Abacate, banana, cevada, aveia, gérmen de trigo, sementes de abóbora e de girassol, amendoim.

Vitamina D

É uma vitamina muito falada hoje em dia, mas muitos ainda pensam que ela é apenas responsável pela saúde dos ossos. Muito pelo contrário, ela tem inúmeras funções no metabolismo energético e estimula a neuroplasticidade. Sua deficiência tem sido relacionada com depressão e maior risco do desenvolvimento da doença de Parkinson.

Fontes: Óleo de fígado de bacalhau, salmão, ostra, arenque, ovos, fígado de galinha, gérmen de trigo, salsinha.

Zinco

Estimula a produção de neurotróficos (BDNF) e a comunicação entre os neurônios, ou seja, o estímulo nervoso. E faz parte da composição da testosterona, um dos hormônios responsáveis pelo vigor, tanto no homem quanto na mulher. Sua deficiência traz atraso de aprendizado, dificuldade de memória e queda da libido.

Fontes: Ostra, lagosta, carnes vermelhas, feijão, amendoim, chocolate amargo.

Alimentos que equilibram o humor e dão mais disposição

Alguns alimentos possuem componentes que estimulam a produção ou a liberação de neurotransmissores de bem-estar e, se colocados na rotina do dia a dia, ajudam você a se sentir mais bem-disposto. São eles:

- **Leite e derivados, castanhas, soja, frutos do mar e peixe**: São ricos em triptofano, substância que é precursora na formação da serotonina, neurotransmissor que melhora a depressão, a qualidade do sono e o humor.
- **Chocolate:** Além do açúcar, contém tirosina – substância que estimula a produção de serotonina. Dispara a liberação de endorfina e dopamina, neurotransmissores responsáveis pelo relaxamento. Mas não vai se animando e achando que está "liberado geral". Um pouco de açúcar não precisa ser condenado se você não tem nenhuma doença que contraindique seu consumo, mas não exagere. Açúcar demais causa o efeito inverso e piora o humor, além de trazer outras consequências maléficas para o corpo, como aumentar risco de diabetes tipo 2 e causar sobrepeso. Dê sempre preferência para os amargos, e quanto maior a concentração de cacau, melhor.
- **Pimenta:** A sensação de ardência é provocada pela capsaicina – substância presente na pimenta – e faz com que o cérebro produza mais endorfina, neurotransmissor responsável pela sensação de euforia. A pimenta-de-cheiro, a vermelha e a malagueta são as melhores para esse efeito.
- **Aveia**: Cereal que contém altas doses de triptofano. Além do aminoácido que auxilia o organismo a liberar a serotonina, tem bons níveis de selênio, que colabora para a produção de energia.

- **Brócolis**: É importante para a liberação da serotonina, por ser rico em ácido fólico. Além de melhorar o humor, o ácido fólico é responsável pela formação do sistema nervoso nos fetos durante a gestação.
- **Banana**: Contém duas substâncias que auxiliam o humor: os carboidratos, que estimulam a produção de serotonina e a vitamina B6, que garante mais energia.
- **Laranja, jabuticaba e maracujá**: Ricos em vitamina C, que previne o cansaço, combate o estresse e colabora com as defesas do organismo. A jabuticaba ainda tem a vantagem de conter vitaminas do complexo B.
- **Espinafre e folhas verde-escuras**: Têm efeitos positivos sobre o humor por serem ricos em magnésio (que atua na produção de energia), potássio e vitaminas A e C. Além de vitaminas complexo B, que ajudam a manter o sistema nervoso tranquilo.
- **Castanhas e oleaginosas**: Nozes, amêndoas, avelã. Possuem magnésio e são fontes de proteínas, fibras e outros nutrientes. São uma boa e rápida opção como lanche.
- **Peixes**: Atum, sardinha, salmão. Fornecem gorduras de boa qualidade, entre elas o famoso ômega 3, que melhora a cognição e a velocidade de raciocínio.
- **Ovos**: São ricos em colina, um tipo de vitamina do complexo B que melhora as funções cerebrais.
- **Cúrcuma**: É uma especiaria de origem asiática, conhecida também como açafrão-da-terra. Tem propriedades anti-inflamatórias, antioxidantes e até anticancerígenas. No cérebro, tem comprovada ação de estimular a neuroplasticidade.

Como comer doces sem boicotar sua produtividade

Você é daquelas pessoas que não conseguem viver sem comer doces? Saiba que a culpa dessa necessidade pelo sabor açucarado pode estar no seu DNA. Estudos genéticos mostram que parte da população tem genes que determinam essa afinidade, e para essas pessoas é quase que impossível viver sem um docinho, ainda que eventualmente. Então, não se martirize tanto se você tem dificuldade de resistir a essas guloseimas. Há situações nas quais não podemos bater de frente com a nossa genética, porém, de forma alguma ela determina a totalidade do que que seremos. Pelo contrário, a maior parte do que somos é consequência de nossas escolhas e de como agimos frente a esses genes "desfavoráveis". Podemos, sim, contornar essas situações genéticas que, às vezes, podem nos direcionar para um caminho que não queremos.

Prova disso é que, recentemente, foi publicado um estudo em uma revista de alta relevância no meio acadêmico, mostrando que pessoas portadoras de um gene que favorece o acúmulo de gordura corporal – mas que adotaram um estilo de vida saudável, associando alimentação equilibrada à uma rotina regular de exercício físico –, tiveram resultados de perda de peso tão bons quanto aqueles que não tinham essa variação presente no DNA e participaram do mesmo estudo. Então, lembre-se: você tem o poder na mão de escolher que tipo de vida quer ter, mesmo que exista uma certa dificuldade pré-determinada, por conta do seu conteúdo genético, que poderia lhe estimular a comer mais do que seu corpo realmente precisa!

Está mais do que comprovado que excesso de açúcar na alimentação predispõe a doenças que podem ter consequências gravíssimas, como o diabetes, por exemplo.

Uma das primeiras coisas que eu quero que você entenda a respeito do açúcar é que ele é um tipo de carboidrato e que qualquer carboidrato, seja ele de paladar doce ou salgado (pães e massas, por exemplo), depois de ingeridos, são absorvidos pelo nosso trato gastrointestinal e sofrem alterações bioquímicas no nosso organismo para serem disponibilizados no sangue, em forma de glicose (um tipo de açúcar!). Ela serve como energia para diversos órgãos e sistemas do nosso corpo e são essenciais para o bom funcionamento deles. Então, o lance não é cortar 100% de doces e carboidratos, é aprender a escolher os melhores para o consumo – os complexos e de baixo IG, lembra? E desenvolver estratégias para reduzir a quantidade de carboidratos de qualidade ruim no nosso dia a dia.

Agora vamos falar dos doces propriamente ditos, você se enquadra naqueles que são viciados em doces? Se sim, vamos lá! Temos que desenvolver estratégias para diminuir essa sua ligação com os açúcares. Quando consumimos alimentos que aumentam nossos níveis de glicose no sangue desencadeamos também o aumento de substâncias chamadas neurotransmissores, que agem lá no cérebro, dando a sensação de prazer e bem-estar. O problema é que quando esse açúcar todo é eliminado do sangue, o seu cérebro, que se acostumou com aquela sensação prazerosa, passa a induzir você a comer mais doces para obter aquele resultado de prazer novamente. E isso acaba criando um ciclo de dependência muito semelhante ao de pessoas que são viciadas em algum tipo de narcótico, como álcool ou drogas ilícitas. Então, se você tentar tirar os doces subitamente, de uma hora para outra, você entrará em síndrome de abstinência e será muito difícil manter o objetivo de diminuí-los da sua vida, e suas chances de "cair em tentação" aumentam consideravelmente!

O caminho mais assertivo aqui é diminuir o consumo de açucarados aos poucos. Faça um planejamento semanal e a cada intervalo de sete dias você deverá reduzir uma porcentagem do consumo. Assim, progressivamente, você irá reeducar seu paladar para um padrão menos adocicado e, consequentemente, diminuirá sua dependência cerebral. E se, de fato, você for um portador daquele gene que faz ter necessidade de doces, dificilmente você conseguirá viver o tempo inteiro sem uma guloseima, então a melhor (ou menos pior) forma para consumi-la será como sobremesa, sempre juntinho de uma refeição mais copiosa, que tenha um conteúdo maior de fibras; dessa forma, você pegará o "bonde da insulina" já em curso devido à refeição principal e minimizará os impactos do consumo do doce sobre o metabolismo dos hormônios. Por isso, evite consumi-los de forma isolada, como lanche no meio da manhã ou tarde e muito menos assaltar a geladeira à noite ou de madrugada!

Alimentos que ajudam no emagrecimento e aceleram o metabolismo

O excesso de tecido gorduroso acumulado no organismo leva a um processo inflamatório crônico, que pode estar desviando o uso da energia nas funções de produção do cérebro, como pensar, aprender, concentração, enfim, funções cognitivas que aumentam a produtividade. Claro que para se livrar do peso extra, várias medidas precisam ser ajustadas, como praticar atividade física regularmente e aderir a uma alimentação saudável. Mas existem alimentos chamados termogênicos que, quando consumidos regularmente, podem ajudar a acelerar o metabolismo e queimar mais estoque. Isso acontece porque esses alimentos são digeridos com maior dificuldade pelo organismo, fazendo com que o corpo utilize maior quantidade de energia para realizar a digestão.

Existem diversos mecanismos pelos quais os alimentos termogênicos podem auxiliar na perda de peso. Como por exemplo, a ação sobre o sistema nervoso central, estimulando o estado de alerta e concentração, retardando a fadiga muscular e aumentando a disposição para os exercícios físicos. Outros atuam diretamente nos adipócitos (células que armazenam gordura), potencializando a quebra das gorduras durante a prática de exercícios, em especial se forem ingeridos de 30 a 60 minutos antes da atividade física.

Exemplos de alimentos:

- **Chá verde:** É rico em cafeína e catequinas, que têm ação termogênica, estimulando o gasto energético do tecido adiposo. Além disso, é rico em antioxidantes, que ajudam a retardar o envelhecimento.
- **Vinagre de maçã:** Estudos – entre eles um publicado pelo *European Journal of Clinical Nutrition* – mostram que ele tem poder termogênico, ou seja, tem a capacidade de acelerar o metabolismo, gastando mais energia do que o habitual. No fim das contas, essas calorias gastas a mais podem significar quilos a menos na balança.
- **Canela:** Essa especiaria tem inúmeros benefícios para saúde, além de acelerar o metabolismo, melhora a ação da insulina, diminuindo o risco de diabetes, reduz o estresse e ainda aumenta a libido.
- **Ovos:** Ricos em proteínas, que gastam mais energia para serem digeridas (até por isso promove maior saciedade), contam também com uma variedade enorme de vitaminas e minerais. Anos atrás havia (talvez até hoje) medo de se consumir ovos, pois são ricos em colesterol. Mas, cada vez mais estudos têm mostrado que o colesterol contido nesse alimento é incapaz de aumentar maleficamente os níveis de colesterol no sangue. Portanto, pode consumir sem medo!
- **Coco**: Além das propriedades termogênicas, é rico em gorduras que têm rápida utilização pelo corpo, estimulando o gasto energético do tecido e tem ação positiva sobre o sistema imune, sendo rico em fibras que ajudam o intestino a funcionar melhor.
- **Maçã**: Tem baixo Índice Glicêmico, o que ajuda a controlar os níveis de glicose no sangue, e é rica em fibras, carboidratos, vitaminas A, B1, B2, B6, C, minerais, zinco, magnésio e selênio.

- **Pimenta:** A grande responsável por aumentar a temperatura e o gasto energético é a substância capsaicina contida na pimenta, e quanto mais ardida ela for, maior sua ação termogênica, provocando muitas vezes suor em excesso. Quem nunca suou muito após consumir uma comida bem apimentada?
- **Café**: Rico em cafeína, estimula a mobilização de gordura de estoque, pode ser usado como pré-treino para ajudar a gastar mais energia na atividade física.
- **Gengibre**: Uma especiaria que tem poderes de acelerar o metabolismo e também é um potente antioxidante e anti-inflamatório, pode ser colocado em pedaços em cima de saladas ou consumido em forma de chá.

Observação: Os alimentos termogênicos são excelentes para entrarem no cardápio diário, mas lembre-se de que você tem que estar saudável para consumi-los e pedir aval do seu médico ou nutricionista, porque em algumas situações eles podem causar aumento da pressão arterial, por exemplo, ou alterar o sono, já que são estimulantes do sistema nervoso central.

Alimentos que controlam o cortisol e baixam os níveis de estresse

Níveis persistentemente elevados de cortisol podem trazer danos graves para o corpo e mente. Esse hormônio é altamente influenciado, assim como a insulina, por certos tipos de alimentos. Consumi-los rotineiramente pode ajudar a controlar os níveis de estresse e, consequentemente, equilibrar os níveis de cortisol circulante.

- **Abacate**: É rico em vitamina E, tem efeito anti-inflamatório e antioxidante, ajuda a controlar os níveis de glicose no sangue e, consequentemente, os níveis de insulina e cortisol, diminuindo o estresse.

- **Espinafre**: Rico em vitaminas do complexo B, além de potássio, que ajudam o funcionamento equilibrado do sistema nervoso central.
- **Castanha-do-Brasil**: Rica em selênio e gordura de boa qualidade, age tanto no cérebro quanto na circulação sanguínea para promover equilíbrio dos estressores.
- **Alface**: Além das fibras, é rica em potássio, magnésio e selênio, que agem positivamente na função cerebral. Tem um calmante natural, o lactucário, que pode ser encontrado na parte do talo.
- **Peixes e frutos do mar:** Principalmente os ricos em ômega 3 melhoram os níveis de estresse, e contam ainda com minerais como zinco e selênio, que agem diretamente no cérebro.
- **Laranja**: Rica em vitamina C, cálcio, betacaroteno e potássio. Reduz a pressão sanguínea do nosso corpo, regulando o nível de cortisol. Estudos mostram a associação do consumo regular de laranja a uma menor prevalência de sintomas depressivos.
- **Grãos integrais**: Têm baixo Índice Glicêmico e são ricos em fibras, que ajudam o intestino a funcionar melhor. Problemas gastrointestinais são uns dos maiores estressores do organismo.
- **Amêndoas**: Fonte de magnésio, zinco e gorduras de boa qualidade; têm efeitos anti-inflamatórios e antienvelhecimento.
- **Agrião**: Fonte de diversas vitaminas e minerais, também é rico em um aminoácido chamado fenilalanina, responsável pela produção de dopamina. Níveis adequados e saudáveis de dopamina no cérebro ajudam a equilibrar os níveis de estresse.
- **Damasco**: Rico em vitamina B5, ou também chamado ácido pantotênico, desempenha funções importantes no corpo, como a produção de hormônios, hemácias e metabolismo energético e sua deficiência tem sido associada a estados de depressão e irritabilidade.

Alimentos "criptonitas"

Esses são os alimentos que, de alguma forma ou mecanismo químico-metabólico, roubam a nossa energia. Geralmente, são alimentos de péssima qualidade nutricional, que não trazem benefícios para a saúde mental e nem a física. São aquelas "comidas recompensas", lembra de desse termo? Aqueles alimentos que usamos como recurso para nos sentirmos melhor em momentos de cansaço, humor deprimido ou estresse. Muitas vezes são cheios de calorias "vazias", energia que se acumula no corpo e que vem pobre em nutrientes. Por exemplo: bebidas alcoólicas e alimentos ultraprocessados (salgadinho de milho, bolo pronto de pacote, batata palha). Esses alimentos pioram o sono, o humor, podem causar doenças como cáries, diabetes, hipertensão arterial, infarto do miocárdio, acidente vascular cerebral, dislipidemias (aumento de colesterol e triglicérides), entre outros. A lista é imensa! E todas essas doenças, de alguma forma, atrapalham a sua capacidade de produzir bem.

Você deve, aos poucos, retirar essas criptonitas da sua vida! Lembrando que a maioria das pessoas não se habitua a uma retirada total desses alimentos de forma abrupta. O cérebro cria uma dependência química desses produtos, então é mais seguro e produtivo que essa remoção seja feita lentamente. A cada 2 ou 3 dias você deve diminuir a quantidade consumida, retirando progressivamente, até se sentir confortável.

Dietas radicais, restritivas e com muitos sacrifícios são muito difíceis de manter a longo prazo. Não é à toa que os estudos mostram que cerca de 95% das dietas falham após alguns meses ou poucos anos.

capítulo 12

4º A: Atitude em 6 passos

"Toda mudança positiva - todo salto para um nível maior de energia e consciência - envolve um ritual de passagem. A cada subida para um degrau mais alto na escada da evolução pessoal, devemos atravessar um período de desconforto, de iniciação. Eu nunca conheci uma exceção."

Dan Millman

1º passo: Motivação

Deixe eu contar uma história rápida.

Viktor Frankl foi um psiquiatra austríaco durante a Segunda Guerra Mundial. Como ele era judeu, foi capturado pelos nazistas e passou mais de três anos no pior campo de concentração da história – Auschwitz. Durante sua estadia no campo, Frankl desenvolveu o que seria uma das maiores teses sobre a psiquiatria e psicologia humana – descrita no seu livro *Man's Search For Meaning*. O que ele descobriu e provou pode ser resumido, de forma muito simplória, por: *"entre o estímulo e a resposta, as pessoas têm a liberdade de escolha"*. Frankl basicamente trouxe abaixo toda a teoria do determinismo que foi vigente durante tantos séculos até então. Mas o que isso quer dizer, na prática? Quer dizer que as pessoas são livres, naturalmente e instintivamente dentro de si, e sempre terão a liberdade, que parou de ser uma palavrinha bonita e passou a ser entendida como uma verdade científica e real.

No campo de concentração, Frankl perdeu sua esposa e seus filhos. Ele perdeu todos os seus bens, ele perdeu todos os seus documentos e identidade e virou um número. Perdeu sua dignidade, seus direitos, até os pelos do próprio corpo lhe foram tirados, ele foi até a exaustão da fome, do frio, da tortura física e psicológica. Apanhou, teve seu corpo, sua privacidade, sua mente violados; ele conheceu os mais profundos porões da dor humana. Porém, sabe o que ele disse depois que tudo aquilo acabou?

"Ninguém, absolutamente ninguém, pôde tirar a minha liberdade de escolher como eu iria reagir a tudo isso. Entre o estímulo e a resposta, eu tinha a liberdade de escolha."

Os animais agem por instinto, não existe razão – eles recebem um estímulo externo e reagem – só isso. Os seres humanos são diferentes, através das três camadas cerebrais que desenvolvemos ao longo do tempo, nós temos a liberdade e o poder de decisão cravados em nosso âmago. Por mais que não nos reste absolutamente nada – sempre temos a liberdade de escolher como vamos reagir. Frankl viu vários de seus colegas judeus, também torturados no campo, tornarem-se monstros piores que os próprios nazistas, mas ele também viu colegas judeus, igualmente torturados, tornarem-se pessoas altruístas ao extremo. Tudo no mesmo lugar, tudo nas mesmas condições de temperatura e pressão, nem todos se tornavam monstros, nem todos se tornavam santos; alguns morriam, outros sobreviveram. E não há padrão, não existe destino, praga ou maldição sobre mim ou sobre você, nós não temos que carregar essa cruz, existe somente a liberdade de escolha. Por mais extremas que sejam as situações, entre o estímulo e a resposta, as pessoas têm a liberdade de escolher, sempre terão.

E esse psiquiatra austríaco conseguir passar por tudo isso, sobreviver e compartilhar a sua história de vida conosco, é porque tinha uma motivação bem clara em sua mente: ele queria ver os filhos e sua esposa novamente. Então, para cada dor que ele sentia e para cada coisa que lhe era tirada, ele lembrava do seu motivo!

"Quem tem um porquê, enfrenta qualquer como.", pensava o psiquiatra.

Eu contei toda essa história porque quero que você entenda a intensidade de conhecer os seus motivos nas suas decisões e na sua jornada. Se você realmente tem um "porquê" poderoso, ele fará você enfrentar qualquer "como" em sua caminhada!

2º passo: Meta

Normalmente, eu estabeleço com os meus pacientes a meta que eles almejam, mas aqui eu vou dizer que não aceito menos do que a energia do "Falcão Peregrino" para você. Então, a primeira coisa que você vai fazer hoje é escrever no papel o que você deseja como meta, escreva:

Eu desejo ser: ____

A próxima coisa é identificar onde você está para ver qual caminho você deve seguir. Lembra do teste de energia do início do livro? Então, volte lá, reveja seu resultado e refaça o teste, pode ser que nesse ponto que estamos da leitura você já tenha evoluído e saído de onde estava. Se não saiu, é importante saber e começar a tomar ações. As questões apresentam uma pontuação que vai de 1 a 5, sendo 1 a melhor e 5 a pior (sim, pode parecer estranho, mas é invertido mesmo). Marque as questões que você teve pior desempenho e trace um plano de ação para corrigi-las e melhorá-las. Uma coisa é você estar com a energia de Guepardo Elétrico e outra é estar em Lesma Anestesiada. No estágio de Lesma ou Tartaruga você tem uma jornada mais longa a ser cumprida. Faça uma lista e comece a entrar em ação. Por exemplo:

- Preciso melhorar meu sono.

O que fazer? Parar de tomar café à noite, desligar o celular, ir para a cama mais cedo.

- Preciso praticar atividade física.

O que fazer? Procurar uma academia, chamar alguém para caminhar comigo, acordar meia hora mais cedo para fazer alguns exercícios.

Se a lista de tarefas ficar muito longa, quebre essa meta em pedaços. Por exemplo, uma ou duas ações de cada vez, e comemore cada estágio de energia que você conseguir subir, cada melhoria é uma vitória. E siga em frente!

3º passo: Mudar

Agora você precisa, de fato, colocar todo o conhecimento alimentar, todas as estratégias em prática. Você adquiriu uma lista imensa de alimentos para colocar na rotina. Claro que você deve respeitar seus gostos pessoais e não precisa consumir exatamente todos, se não gostar de alguns deles. Mas precisa começar a mudança! Uma das estratégias mais embasadas pela ciência para a melhora do funcionamento cerebral é a restrição calórica, então comece por essa estratégia: vá diminuindo a quantidade de comida em seu prato, aos poucos, e em seguida comece a mudar também a qualidade dos alimentos, se precisar.

Toda mudança requer um esforço consciente no começo, por isso não é fácil mudar, mas é plenamente possível. Se você fizer sem radicalismos e persistir nas ações, conseguirá criar um novo hábito alimentar e, com o passar dos dias e meses, não será mais tão difícil, seu cérebro já estará acostumado. Então lembre-se, quando realizamos uma grande mudança, antes das coisas ficarem boas, elas podem ficar muito, mas muito ruins mesmo. Alguma vez você já mudou de casa? Para uma casa melhor? No começo foi complicado, não foi? Você se batia nos móveis, não sabia onde estavam as coisas, talvez tenha até pensado que a casa antiga era melhor e que você não deveria ter feito a besteira de mudar. Mas após alguns meses, já estava tudo tranquilo novamente.

4º passo: Movimentar

Eu sei que esse é um livro de estratégias alimentares, mas eu não posso simplesmente ignorar uma das atitudes que você deve tomar na sua vida para promover a melhora da sua performance: a prática de atividade física. Alimentação equilibrada sem atividade física regular não é capaz de sustentar resultados. Precisamos de massa muscular para produzir bem, e músculo só é produzido se a musculatura for estimulada com o estresse físico do exercício. Se a pessoa tomar hormônios anabolizantes, que sabidamente promovem desenvolvimento muscular, mas for sentar no sofá, a única coisa que ela vai anabolizar é a gordura. Pois o músculo precisa ser desgastado positivamente, através do exercício, para ser multiplicado.

A massa muscular é a responsável por dar autonomia de movimentos, algo muito necessário em idades mais avançadas. Tenho certeza de que você está lendo este livro porque quer viver mais e melhor, não quer chegar aos 70 ou 80 anos dependendo de bengalas, muletas e andadores para se locomover, ou pior, sem ter condições de sair de cima de uma cama.

E quando falamos em neuroplasticidade, inteligência, performance e capacidade de produzir mais pelo cérebro, estudos e mais estudos mostram que o exercício físico, principalmente o aeróbico, é capaz de estimular a plasticidade cerebral. Então comece a se movimentar já!

5º passo: Medir

Um dos grandes segredos do sucesso é a métrica. Se você estabelece planos e metas e nunca mais confere se está dentro do planejado, dificilmente alcançará seus objetivos sem intercorrências.

Eu costumo falar que quando estabelecemos uma meta é igual estabelecer um destino em um GPS: digito o endereço que quero chegar e preciso ir conferindo a rota o tempo inteiro para continuar no caminho certo. Se eu determinar o destino e não olhar mais para o GPS é bem provável que eu vá parar em outro lugar ou demore muito mais tempo para chegar onde desejo.

Então, faça isso, encare sua meta como seu destino do GPS da vida e estabeleça prazo para conferir suas métricas. Isso significa que essas avaliações precisam ser mensuráveis! Em relação ao ***Método Falcão***, para avaliar se você está no caminho certo, todo mês você escolherá uma data e repetirá o teste novamente. Seus resultados serão positivos se a pontuação total do teste for baixando ao longo dos meses. Para chegar ao nível de Falcão você deverá pontuar entre 20 e 29. Esse deve ser seu objetivo final, mas estabeleça metas intermediárias e confira todo o mês se está conseguindo atingi-las. Se não estiver, é muito mais fácil corrigir um mês de escorregadas do que meses e meses.

6º passo: Manter

Muita gente fala que o mais difícil em todo o processo de dieta ou mudança alimentar é manter os resultados. Sim, isso é muito frequente mesmo, tanto que quase todas as dietas falham, como citei anteriormente. Então quer dizer estou fadado a chegar aqui e não obter sucesso na minha jornada e engordar as estatísticas que dieta não funciona? **SIM**, se você encarar tudo que aprendeu aqui como uma simples dieta para aumentar a produtividade. E, com certeza, **NÃO**, se você entendeu tudo isso como um estilo de vida novo, estratégias alimentares novas que não precisam ser regras rígidas, onde não há espaço para um chope com os amigos ou um doce como sobremesa. Se você entendeu a importância de ter bons hábitos, com atividade física regular, com vida social ativa e separando um tempo para você fazer o que lhe dá prazer, você entendeu que esse sim é o segredo para viver mais e com o melhor de sua performance pelo resto de sua vida.

Muito recentemente foi divulgado um estudo muito grande, realizado com mais de 123 000 pessoas, publicado pela *Circulation*, uma revista da Associação Americana de Cardiologia, que mostrou quais eram os cinco hábitos que, se aplicados juntos, ao longo da vida, aumentam a expectativa de vida em 12 anos para homens e em 14 anos para mulheres, são eles:

- Não fumar;
- Alimentação saudável – apenas 40% da sua dieta com alimentos saudáveis já seria suficiente para aumentar a expectativa de vida;
- IMC normal – entre 18,5 e 24,9 kg/m^2;
- Consumo moderado de álcool – até 14 doses/semana, sendo que não pode ser acumulado em apenas um dia, tem que ser distribuído ao longo da semana. Na prática, 1 dose significa: 1 lata de cerveja, 1 taça de vinho ou 30 ml de destilado;
- Pelo menos 30 min de atividade física ao dia – qualquer atividade física moderada, escolha a que mais lhe agradar;

O "Manter" é apenas consequência de todos os passos anteriores, da criação de novos hábitos e circuitos de escolhas preferenciais no cérebro. Você deve entender que a energia falcão não vai estar presente em 100% do tempo, mas se cumprir cada passo, sem pular etapas, você vai estabelecer um nível de resposta tão sedimentado, que pouco tempo de descanso e recuperação já é o suficiente para voltar à melhor performance no uso de energia.

Aqui neste livro eu lhe dei informações preciosas de coisas simples que você pode adaptar na sua rotina e ter grandes resultados. Aproveite todo esse conhecimento e coloque em prática o quanto antes, não precisa fazer tudo de uma vez, escolha pontos-chaves e vá se adaptando, o importante é caminhar! Tenho certeza que em poucas semanas você se sentirá mais energizado e como se tivesse superpoderes!

Mas também sei que dei muitas informações e que talvez você esteja perdido no momento. Então fique comigo mais um pouquinho para eu fazer um *"resumão"* e organizar suas ideias em um passo a passo.

1 - Autodiagnóstico	2 - Arquitetar (o plano)
Identifique o nível de energia através do teste do Falcão. Repita o teste periodicamente, a cada 15 dias ou a cada mês para acompanhar sua evolução.	Identifique perto de você pessoas que possam ser seu ponto de apoio e servir de inspiração (Falcões). Envolva essas pessoas nesse processo e chame-as para caminhar junto nessa jornada. "Sozinhos vamos mais rápido, mas juntos vamos mais longe." (provérbio popular)
Identifique se você está dentro da faixa de peso adequada pelo IMC. Se não estiver, busque a ajuda de um profissional para se enquadrar na faixa de normalidade, ou faça uma avaliação mais aprofundada sobre sua composição corporal.	Afaste as pessoas que só puxam você para trás (Lesmas). A melhor dieta desintoxicante que você pode fazer na sua vida é tirar da frente pessoas que bloqueiam a sua vida e que não querem ver o seu crescimento.
3 - Alimentação	**4 - Atitude**
Reduzir gradativamente a quantidade de sua alimentação até um máximo de $1/4$ a $1/3$ do total de alimentos que você consome atualmente, de forma prática: faça 2 linhas imaginárias no seu prato em forma de cruz - em todas as refeições - e tire $1/4$ fora.	Comece efetivamente a fazer! Inicie aos poucos pela alimentação, primeiro reduzindo as quantidades e depois vá se preocupando com a qualidade. Vá devagar, quanto mais intempestivo e apressado você for, maiores são as chances de você escorregar no caminho. "Não precisa se perfeito, mas precisa ser feito!"
Dê preferência para alimentos mais *in natura* possível. São ricos em fibras, tem IG menor e equilibram melhor os níveis de glicemia e insulina no cérebro, fazendo-o funcionar muito melhor, assim como todo resto do corpo!	Comece a praticar uma atividade física, além de fazer bem para o corpo, inúmeros estudos mostram que movimentar o corpo ajuda a malhar a mente. A atividade física, principalmente a aeróbica, é um dos grandes promovedores da neuroplasticidade!

E para que fique mais fácil para você entender como se monta um prato saudável com todos os nutrientes, no livro *Boosting Your Energy*, da Harvard Medical School (sem tradução em português ainda, infelizmente) há um esquema bem interessante de como montá-lo, que adaptei aqui para você usar como exemplo:

Adaptado da Harvard Medical School Harvard Health Publications www.health.harvard.edu

Resumo do livro, o que fazer para por em prática

Espero que essa leitura tenha acrescentado valor à sua vida e que você aplique os conceitos e estratégias na sua prática diária. Sinta-se à vontade para entrar em contato comigo e esclarecer dúvidas, se precisar, através do meu Instagram @draclaudia_benevides ou email claudia@draclaudiabenevides.com.br www.metodofalcao.com.br

Referências

201 Segredos para uma Vida Saudável. Colbert, Don. Editora Bv Films – Livros. 2011.

Boosting Your Energy. How to jump-start your natural energy and fight fatigue. A Harvard Medical School. 2016.

Brain foods: the effects of nutrients on brain function. Fernando Gómez-Pinilla. Nat Rev Neurosci. 2008 Jul; 9(7): 568–578.

Brain oxygen utilization is unchanged by hypoglycemia in normal humans: lactate, alanine, and leucine uptake are not sufficient to offset energy deficit. Lubow JM, et al. Am J Physiol Endocrinol Metab. 2006.

Caloric restriction improves memory in elderly humans. A. V. Witte, M. Fobker, R. Gellner, S. Knecht and A. Flöel. PNAS January 27, 2009. 106 (4) 1255-1260;

Caloric restriction in humans: impact on physiological, psychological, and behavioral outcomes. Redman LM, Ravussin E. Antioxid Redox Signal. 2011 Jan 15;14(2):275-87.

Caloric restriction, energy balance and healthy aging in

Okinawans and Americans: biomarker differences in Septuagenarians. Willcox BJ. Willcox DC. Todoroki H. Yano K. Curb D. Suzuki M. Okinawan J Am Stud. 2007;4:62–74.

Caloric restriction, the traditional Okinawan diet, and healthy aging: the diet of the world's longest-lived people and its potential impact on morbidity and life span. B.J. Willco, D.C. Willcox, H. Todoriki, A. Fujioshi, K. Yano, Q. He, J.D. Curb, M. Ann. N.Y. Acad. Sci., 1114 (2007), pp. 434-455

Calorie restriction and age-related oxidative stress. Merry BJ. Ann NY Acad Sci. 2000;908:180–198.

Calorie restriction and prevention of age-associated chronic disease. Daniela Omodei, Luigi Fontana. FEBS Letters. Volume 585, Issue 11, 6 June 2011, Pages 1537-1542.

Changes in metabolic risk factors over 10 years and their associations with cognitive performance: the multi-ethnic study of atherosclerosis (mesa).

Diet and cognition: interplay between cell metabolism and neuronal plasticity. Fernando Gomez-Pinilla, Ethika Tyagi. Curr Opin Clin Nutr Metab Care. 2013 Nov; 16(6): 726–733.

Dietary restriction normalized glucose metabolism and BDNF levels, slows disease progression, and increases survival in huntingtin mutant mice. Wenzhen Duan, Zhihong Guo, Haiyang Jiang, Melvin Ware, Xiao-Jiang Li, and Mark P. Mattson. Proc Natl Acad Sci U S A. 2003 Mar 4; 100(5): 2911–2916.

Effect of long-term calorie restriction with adequate protein and micronutrients on thyroid hormones. L. Fontana, S. K lein, J.O. Holloszy, B.N. Premachandra . J. Clin. Endocrinol. Metab., 91 (2006), pp. 3232-3235

Effect of omega-3 fatty acids on cognition: an updated systematic review of randomized clinical trials. Oscar D

Rangel-Huerta Angel Gil. Nutrition Reviews, Volume 76, Issue 1, 1 January 2018, Pages 1–20.

Effect of supplementation with methyl-donor nutrients on neurodevelopment and cognition: considerations for future research. Sarah E McKee Teresa M Reyes. Nutrition Reviews, nuy007. April 2018.

Effects of long-term calorie restriction and endurance exercise on glucose tolerance, insulin action and adipokine production. L. Fontana, S. Klein, J.O. (2010), pp. 97-108

Guia de Nutrição Desportiva. Clark, Nancy. 5ª ed. Editora Artmed. 2015.

Hughes, Timothy & Baker, Laura & Bertoni, Alain & Burke, Gregory & A. Espeland, Mark & Casanova, Ramon & F. Gottesman, Rebecca & Michos, Erin & R. Rapp, Stephen & Hayden, Kathleen & Sink, Kaycee & Craft, Suzanne. (2016). Alzheimer's & Dementia. 12. P1119. 10.1016/j.jalz.2016.06.2326.

Hypoglycemia: brain neurochemistry and neuropathology. Review article. Auer RN, et al. Baillieres Clin Endocrinol Metab. 1993.

Hypoglycemia, functional brain failure, and brain death. Philip E. Cryer.

Hypoglycemic brain damage. Review article. Auer RN. Metab Brain Dis. 2004.

International table of glycemic index and glycemic load values: 20021,2. Kaye Foster Powell, Susannah Holt, and Janette C Brand-Miller. Am J Clin Nutr 2002;76:5–56.

Is caloric restriction associated with development of eating-disorder symptoms? Results from the CALERIE trial. Williamson DA1, Martin CK, Anton SD, York-Crowe E, Han

H, Redman L, Ravussin E; Pennington CALORIE Team. Health Psychol. 2008 Jan;27(1S):S32-42.

J. Clin Invest. 2007 Apr 2; 117(4): 868–870.

Manual de procedimentos em Nutrologia, Metabolismo e Nutrição. Machado, Juliana Deh Carvalho; Silvestre, Simone Chaves de Miranda; Marchini, Julio Sérgio. Editora Guanabara Koogan, 2009.

Meal size and frequency affect neuronal plasticity and vulnerability to disease: cellular and molecular mechanisms. Mark P. Mattson , Wenzhen Duan , Zhihong Guo. - Journal of Neurochemistry. Volume 84, Issue 3.

Meal Timing and Frequency: Implications for Cardiovascular Disease Prevention. A Scientific Statement From the American Heart Association. Circulation. 2017; 135:00–00.

Neuroendocrine and pharmacological manipulations to assess how caloric restriction increases life span. C.V. Mobbs, G.A. Bray, R.L. Atkinson, A. Bartke, C.E. Finch, E.Maratos-Flier, J.N. Crawley, J.F. Nelson. J. Gerontol. A: Biol. Sci. Med. Sci., 56 (2001), pp. 34-44.

Nutrição Clínica. Metabolismo e Nutrição. Marchini, Julio Sérgio; Vannucchi, Hélio. Editora Guanabara Koogan, 2012.

Nutrição para Leigos. Rinzler, Carol Ann. Editora Alta Books. 2011.

Regular breakfast consumption is associated with increased IQ in kindergarten children. Jianghong Liu, Wei-Ting Hwang, Barbra Dickerman, Charlene Compher Early Hum Dev. 2013 Apr; 89(4): 257–262.

Superalimentos – Os alimentos mais saudáveis do planeta. Reinhard, Tonia. Editora Laurosse Brasil. 2011.

Técnica Dietética Aplicada à Dietoterapia. Pinto-e-Silva, Maria

Elisabeth Machado; Yonanime, Glauce Hiromi; Atzingen, Maria Carolina Batista Campos Von. 1ª ed. Editora Manole. 2015.

The role of nutrition in secular increases in intelligence. Richard Lynn. Personality and Individual Differences. Volume 11, Issue 3, 1990, Pages 273-285

Tratado de Nutrologia. Ribas Filho, Durval; Suen, Vivian Marques Miguel, 1ª ed. Editora Manole, 2013.

Biografia

Dra. Cláudia Benevides é médica, formada em 2004 e atua nas áreas de Nutrologia e Gestão em Saúde. Foi Gerente Médica e Diretora Clínica de hospital na região do ABC Paulista até 2012. Desde então, gerencia as suas duas empresas: uma voltada para treinamentos, consultorias e palestras em saúde, outra de atendimento médico. Criadora das Metodologias *Saudável sem Neura* e *Método Falcão*, compartilha informações das mais diversas para que clientes e seguidores tenham condições de conquistar uma rotina de vida saudável com melhor performance.

Usa sua experiência profissional e pessoal: passou por todo o processo de mudança de estilo de vida e perda de peso após ter ganho 30 kg em sua primeira gestação. Mais tarde, uma cirurgia simples quase lhe tirou a vida, por causa da sua saúde debilitada.

É mentora nas áreas de Saúde e Alimentação, com foco em produtividade e performance na Empresa Triad Productivity Solutions. É educadora de médicos, alunos de medicina e enfermeiros no Centro de Treinamento e Simulação do Instituto Dante Pazzanese, em São Paulo.

Ministra palestras pelo Brasil e foi uma das oradoras na "10th International Conference on Childhood Obesity & Nutrition", em Roma, além de ter publicações científicas em jornais e revistas internacionais. Graduada em Medicina pela Universidade Federal do Pará, fez Especialização em Nutrologia, no Hospital do Servidor Público Estadual de São Paulo, MBA em Gestão de Saúde pela Fundação Instituto de Administração, Pós-Graduação em Nutrologia pela Faculdade de Ciências Médicas da Santa Casa de Misericórdia, em São Paulo e é especialista pela Associação Médica Brasileira. Também é membro da Associação Brasileira de Nutrologia.

Contatos com a Autora

www.metodofalcao.com.br
www.draclaudiabenevides.com.br
claudia@draclaudiabenevides.com.br
Instagram: @draclaudia_benevides